Inhaltsverzeichnis

Abbildungsverzeichnis

Tabellenverzeichnis

Abkürzungsverzeichnis

M	Mittelwert
NEO	**N**eurotizismus **E**xtraversion **O**ffenheit für Erfahrungen
NEO-FFI	NEO-Five-Factor-Inventory (NEO-Fünf-Faktoren-Inventar)
NEO-PI-R	NEO-Personal-Inventory-revised (NEO-Persönlichkeitsinventar – revidierte Fassung)
s	Standardabweichung

Zusammenfassung

Im Rahmen dieser Arbeit konnte nachgewiesen werden, dass es einen Zusammenhang zwischen den Bildern der Pflege und den Persönlichkeiten gibt, die sich von diesen Bildern angesprochen fühlen. Dabei zeigen die Ergebnisse der unterschiedlichen Bilder sehr divergierende Ergebnisse, die kaum den internationalen Studien entsprechen. Die deutsche Pflege wird somit nicht nur von einer gänzlich anderen beruflichen Bildung geprägt, wie es vor allem in den angloamerikanischen Ländern der Fall ist, sondern auch durch ganz andere und ganz unterschiedliche Menschen verkörpert. Besonderes Gewicht wird diesen Ergebnissen durch eine sich verändernde Gesellschaft im demographischen Wandel gegeben, welches ein Umdenken in der Außendarstellung der Pflege insbesondere im Rahmen der beruflichen Orientierung einfordert.

Abstract

As a culmination of the analysis it can be shown that there is a connection between images of the nursing profession and those individuals who feel attracted to the images. However, the results regarding the individual's attraction to particular images are significantly divergent compared to previous international studies. Thus, in comparision with Anglo-American countries, the German nursing profession is not only characterized by a completetly different training and education but also by an entirely different understanding and association of people representing this profession.

The significance of those result weighs even more, considering society's demographic changes. It will be necessary to adjust the profession's external presentation especially in regards to the professional orientation process.

1   Einleitung

Die Pflege stellt sich über Bilder in der Öffentlichkeit dar. Hierbei werden eher tradierte Bilder verwendet. Da sich zukünftige Pflegende über moderne Medien wie Internet und Flyer z.B. auf Job-Messen über ihren Beruf informieren, soll in dieser Arbeit der Zusammenhang zwischen den bildlichen Darstellungen der Pflege auf der einen Seite und der Ansprache unterschiedlicher Persönlichkeiten auf der anderen Seite bearbeitet werden.

Entstanden ist diese Idee aus der Teilnahme an einer Arbeitsgruppe „Öffentlichkeitsarbeit" am Bildungszentrum St. Hildegard in Osnabrück. Hier wurde sehr intensiv die Frage der Außendarstellung diskutiert. Im weiteren Verlauf dieser AG wurde sehr viel Wert auf die Darstellung des Pflegeberufes in Bildern gelegt. Da aus der Psychologie bekannt ist, dass sich unterschiedliche Persönlichkeiten auch von unterschiedlichen Bildern angesprochen fühlen, werden im Folgenden diese Fragen bearbeitet:

1. Wie stellt sich Pflege in Bildern dar?
2. Welche Persönlichkeiten fühlen sich von welchen Bildern angesprochen?
3. Welche Konsequenzen ergeben sich daraus für die öffentliche Darstellung der Pflege?
4. Kann es eine Veränderung des gesellschaftlichen Blickwinkels auf die Pflege geben?

Vor allem wird die internationale Betrachtung der Pflege im Mittelpunkt stehen, da Deutschland auch aufgrund seiner sehr eigenwilligen pflegerischen Berufsausbildung (nicht auf akademischem Niveau im Rahmen der Grundausbildung und Spaltung in Alten- , Kinderkranken- und Krankenpflege) offensichtlich andere Menschen in der Pflege beschäftigt.

2   Bilder der Pflege

Bilder wirken auf Menschen. Unterschiedliche Persönlichkeiten fühlen sich von unterschiedlichen Bildern angesprochen (Horz, 2009). Dieses Wissen wird vor allem in der Werbung im Fernsehen angewendet, um potentielle Kunden anzusprechen (Hofer, et al., 2008). Die Pflege ihrerseits beachtet diese Thematik relativ wenig und verzichtet größtenteils auf einen gezielten Einsatz z.B. im Rahmen der beruflichen Orientierung. Dies ist daher problematisch, da junge Menschen im Rahmen der Berufsfindung nur unzureichend Informationen über den Pflegeberuf an den Allgemeinbildenden Schulen erhalten (Bomball, et al., 2010). Deshalb erfolgt die Orientierung über andere Medien wie z.B. Internet und Flyer. Aus dieser Überlegung heraus wurden für dieses Projekt eben diese Medien selektiert und die dort aufgeführten Bilder ausgewählt.

In der pflegewissenschaftlichen Literatur in Deutschland finden sich keine Studien zu dieser Thematik. Somit muss attestiert werden, dass eine ähnliche und kritische Hinterfragung bisher ausgeblieben ist.

2.1   Auswahl der Bilder

Die Auswahl der Bilder erfolgte nach einem speziellen Muster. Hierbei wurden in jedem Bild mindestens drei Marker gesetzt, die wiederkehrend aufzufinden sein mussten. Dieses Setzen von Markern führte zu einer Kategoriebildung von vier sich wiederholenden Bildern. Die Analyse wurde anhand von 211 Flyern und Internetseiten aus den Bereichen der Pflege und Pflegebildung durchgeführt. Alle Bilder sollten einen Teil der pflegerischen Arbeit darstellen. Somit wurden Darstellungen von klassischen Lernsituationen ausgeschlossen. Zu der Markersetzung wurden Techniken aus der Bildinterpretation der Kulturwissenschaften herangezogen. Hierbei geht man von der Mitte (dem Zentrum oder zentralen Punkt) eines Bilder aus. Von dieser Mitte arbeitet man sich im Uhrzeigersinn weiter über das Bild, bis man in den äußeren Eckpunkten angelangt ist. Hierbei werden alle signifikanten Punkte erfasst (O'Doherty, et al., 2009).

Aus diesen Punkten wurden im zweiten Schritt wiederkehrende Muster extrahiert, aus denen dann drei Marker für jedes Bild herausgearbeitet wurden.

Die verwendeten und analysierten Medien wurden rein zufällig ausgewählt. Eine Liste der einbezogenen Internetseiten und Flyer ist als Anlage 1 dieser Arbeit angefügt.

Zudem wurde versucht, die Bilder zu charakterisieren und die inhaltliche Aussage herauszuarbeiten. Auch hier erfolgte die Orientierung anhand der gesetzten Marker. An diesen Chrakterisierungen sollen im Rahmen dieser Arbeit benötigte Eigenschaften von Pflegenden herausgearbeitet werden, da eine konkrete Beschreibung von Persönlichkeitseigenschaften in der deutschen Pflegewissenschaft bisher ausgeblieben ist. Diese Charakterisierungen und Zuschreibungen sollen im Folgenden insbesondere anhand der Benner'schen Stufen zur Pflegekompetenz diskutiert werden (Benner, 2012).

2.2 Das am häufigsten verwendete Bild

Mit 40,76 % (N= 86) ist ein Bild sehr präsent in der Darstellung der Pflege, welches die folgenden drei Marker enthält:

1. Pflegeperson und Patient stehen im körperlichen Kontakt (Handhalten, Umarmung, etc.)
2. Junge Pflegeperson freundlich lächelnd
3. Älterer Patient(in)

Diese Marker sind in dem für die Befragung verwendeten Bild noch einmal farbkodiert dargestellt. Dabei werden Marker 1 rot, Marker 2 grün und Marker 3 blau eingefärbt.

Interessanterweise ist dieses oder ein ähnliches Bild mit den gleichen Markern in allen Bereichen der Pflege zu finden. Sowohl in klassischen Darstellungen zur Pflege in einem Krankenhaus als auch auf Flyern von Bildungsanbietern kehrt dieses Bild immer wieder. Dabei ist es unbedeutend, ob es sich um akademische Bildung an Hochschulen oder Universitäten oder um eine klassische Ausbildung in der Pflege an Krankenpflegeschulen handelt.

Weiterhin war auffallend, dass auf vielen Bildern zusätzlich die vermeintlichen Angehörigen ergänzend auf dem Bild dargestellt sind. Hier kann vermutet werden, dass eine umfassende Pflege dargestellt werden soll, die auch die Angehörigen mit einbezieht. Diese Darstellung wurde aber nicht als zusätzlicher Marker in die Auswertung einbezogen, weil dies zu einer fast ausgeglichenen Verteilung auf die beiden Muster – einmal mit Angehörigen und einmal ohne - geführt hätte, aber in der Aussagekraft der Bilder wahrscheinlich keine großen Unterschiede hervorgebracht hätte.

Als Charakteristika lassen sich diesem Bild Dinge wie Freundlichkeit, Körperlichkeit, Zuneigung und Hilfsbereitschaft zuschreiben, Eigenschaften, die vor allem im Rahmen der anthropologischen Pflege verwendet und als maßgeblich angesehen werden (Teising, 2004). In diesem Kontext muss vor allem die Zuneigung als emotionale Bindung im Rahmen der Beziehungsgestaltung zwischen Pflegekraft und Patient kritisch betrachtet und diskutiert werden, zumal eine enge Bindung die Durchführung einer professionellen Pflege beeinflussen kann (ebd.).

Im weiteren Verlauf – insbesondere in der Darstellung der Ergebnisse – wird dieses Bild aufgrund seiner Anordnung im Fragebogen als Bild C (oder Bild 1) bezeichnet.

2.3   Das zweithäufigste Bild

Mit 26,07 % (N= 55) aller analysierten Bilder findet sich eine Darstellung, in der der Patient in den Hintergrund gerückt wird. Die Technisierung der Pflege steht hier im Vordergrund. Dieses Bild wird in der deutschen Pflege sowohl für Fortbildungsflyer als auch für die Darstellung der Intensivpflege häufig verwendet, findet sich aber auch immer wieder auf Internetseiten der allgemeinen Pflege wieder.

Somit wurden die Marker für dieses Bild wie folgt gesetzt:

1. Pflegeperson im Vordergrund bedient ein technisches Gerät (interagiert mit der Technik)
2. Patient rückt deutlich in den Hintergrund
3. Eine zweite Pflegeperson kümmert sich um den Patienten

Diese Marker sind in dem für die Befragung verwendeten Bild noch einmal farbkodiert darge-stellt. Dabei werden Marker 1 rot, Marker 2 grün und Marker 3 blau eingefärbt.

Dieses Bild stellt den Wandel in der Pflege mit einer Zunahme an Technisierung dar. Diese neuen Einflüsse auf die Pflege wurden schon mehrfach wissenschaftlich betrachtet (vgl. Hülsken-Gießler, 2010; Friesacher, 2010) und bedürfen der Diskussion bei der Auswertung dieses Projektes im Rahmen der Bachelorarbeit. Auffallend ist auch der klar in den Hintergrund gerückte Patient. Wenn als pflegerisches Paradigma noch immer die Zentrierung auf den Patienten gilt, muss auch dies ebenfalls kritisch betrachtet und diskutiert werden.

Als charakteristische Merkmale kann man durch die Zuwendung zur Technik eine Offenheit gegenüber Neuerungen annehmen. Zudem steht die zunehmende Technisierung- wie oben beschrieben – im Zentrum der Bildaussage. Zu diskutieren bleibt, ob der Pflegende durch die Bedienung der Maschine dem Patienten hilft, oder ob der Pflegende die Maschine bedient, die dann dem Patienten hilft. Diese wäre vor dem Hintergrund des Selbstbildes von Pflegenden insbesondere auf Intensivstationen eine interessante Fragestellung.

Im weiteren Verlauf – insbesondere in der Darstellung der Ergebnisse – wird dieses Bild aufgrund seiner Anordnung im Fragebogen als Bild A (oder Bild 2) bezeichnet.

2.4   Das dritthäufigste Bild

Auf den dritten Platz der Bilderauswertung kam mit 19,43 % (N= 41) ein Bild, welches Pflegende im Team in einer Besprechung zeigt. In der Regel dient als Mittelpunkt eine Dokumentenmappe, die man als Patientenakte charakterisieren könnte. Daher wurden folgende Marker gesetzt:

1.   Mehrere Pflegende im Gespräch (in einer Besprechung / auf Visite)

2.   Patientenakte oder andere Dokumente im Fokus

3. Hierarchisch Vorgesetzter als zentraler Bezugspunkt bzw. Mediziner im Zentrum

Die Farbkodierung der Marker wurde - wie bereits unter 2.2 und 2.3 beschrieben – beibehalten.

Gerade die Herausarbeitung des dritten Markers bedurfte einiger Recherche über die entsprechenden Einrichtungen. In 18 Fällen wurde eine Darstellung mit dem Chefarzt als zentralen Bezugspunkt ausgemacht. In 11 Fällen konnte die Pflegedienstleitung bzw. deren Stellvertretung identifiziert werden. In 2 Fällen war die Personenzuordnung nicht möglich.

Das für die Befragung ausgewählte Bild wurde nach Genehmigung zur Verwendung für diese Arbeit mit der Zusatzbemerkung „Chefarzt-Visite" versehen und auf einen anderen Platz auf der Homepage des Krankenhauses verschoben. Hier scheint durch die Anfrage eine Veränderung des eigenen Bewusstseins zur Verwendung von Bildern eingetreten zu sein.

In der Diskussion im Rahmen dieser Arbeit wird das pflegerische Selbstverständnis im Rahmen der stationären Krankenversorgung im Vordergrund stehen. Die Häufigkeit der Zentrierung eines Mediziners vermittelt Pflege als Hypurgie der ärztlichen Tätigkeit und macht die eigene Rolle und deren Verständnis sicherlich schwierig. Die Unterordnung soll als Charakteristikum diskutiert werden.

Im weiteren Verlauf – insbesondere in der Darstellung der Ergebnisse – wird dieses Bild aufgrund seiner Anordnung im Fragebogen als Bild D (oder Bild 3) bezeichnet.

2.5 Das vierte Bild

Als viertes Bild ließ sich mit 8,53 % (N= 11) ein eher ungewohntes Bild herausarbeiten. Dieses Bild zeigt einen in der Regel älteren Patienten in einem Pflegebett. Auffallend ist, dass keine Pflegepersonen abgebildet sind und eine Fokussierung auf landschaftliche Eindrücke erfolgt. Dabei wird die Landschaft oftmals über einen Sonnenuntergang dargestellt. Diese Bilder sind vor allem in Bereichen der Palliativversorgung bzw. in

Hospizen zu finden. Vermutet wird eine Thematisierung des Sterbens anhand der untergehenden Sonne. Die Marker wurden wie folgt gesetzt:

1. Älterer Patient im Pflegebett
2. Keine Pflegepersonen abgebildet
3. Landschaftliche Zentrierung

Die fehlenden Pflegepersonen können natürlich in der Darstellung nicht markiert werden. Dieses Fehlen muss jedoch diskutiert werden. Die Darstellung des Patienten ist besonders im Gegensatz zu den beiden vorangegangenen Bildern auffällig und lässt auf ein bewusstes Zentrieren des Menschen im Rahmen der pflegerischen Interaktion schließen.

Im weiteren Verlauf – insbesondere in der Darstellung der Ergebnisse – wird dieses Bild aufgrund seiner Anordnung im Fragebogen als Bild B (oder Bild 4) bezeichnet.

2.6   Weitere Bilder

Weitere Bilder konnten aus den 8 verbliebenen Publikationsmedien nicht einer Kategorie zugeordnet werden und wurden somit ausgeschlossen. Anzumerken bleibt an dieser Stelle, dass bereits Bilder, die klassische Lernsituationen darstellen, als nicht typische Bilder der Pflege ausgeschlossen wurden. Aus der Überlegung heraus, dass Auszubildende sich eher in einer Lernsituation sehen, wird dieser Ausschluss bestätigt.

Des Weiteren wurden bildliche Darstellungen ausgeschlossen, die nur eine Abbildung des Krankenhauses bzw. der Bildungseinrichtung aufwiesen. Diese Darstellungen dienen eher dem Bildungsanbieter bzw. dem Gesundheitsversorger als Außendarstellung und lassen keine Rückschlüsse auf die Pflege zu.

Da die Auswahl der Medien zufällig erfolgte, kann natürlich auch nicht von einer generalistischen Erfassung aller Pflegebilder ausgegangen werden. Anzunehmen ist, dass gerade das letzte Bild in einer umfassenden Rangliste nicht unter den Top 4 zu finden wäre. Dies liegt vor allem daran, dass sich sowohl der Autor selber von unterschiedlichen

Bildern angesprochen fühlt als auch daran, dass dieses Bild im Rahmen eines Projektes innerhalb einer Fachweiterbildung entstanden ist, welches der Autor durchgeführt hatte. Es mag also bei der Auswahl dieses Bildes zu einer unterbewussten Selektion und einer gezielten, wenn auch unbeabsichtigten Suche gekommen sein.

2.7   Verteilung der Bilder

Wie bereits bei den einzelnen Bildern angefügt ergibt sich aus der Auswertung der 211 Medien eine klare Verteilung auf die einzelnen Kategorien. Das erste Bild wurde in 40,76 % (N= 86) aller Fälle verwendet und ist somit das am häufigsten verwendete Bild der Pflege. Bild 2 kommt auf 26,07 % (N= 55) aller untersuchten Medien vor. Bild 3 ist mit 41 Verwendungen (= 19,43 %) fast gleichauf mit Bild 2. Bei dem vierten Bild ist ein klarer Abfall auszumachen. Es finden sich 11 Darstellungen (=8,53 %), die den oben beschriebenen Markern entsprechen. Dies scheint die unter 2.6 beschriebene Kritik an der Auswahl dieses Bildes zu bestätigen.

Zur Verdeutlichung der Häufigkeiten sollen die beiden folgenden Diagramme dienen:

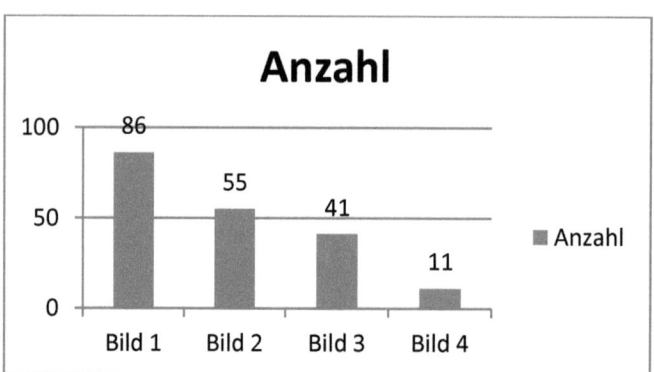

Abbildung 1: Anzahl der Verteilung der Bilder auf die einzelnen Kategorien (eigene Darstellung)

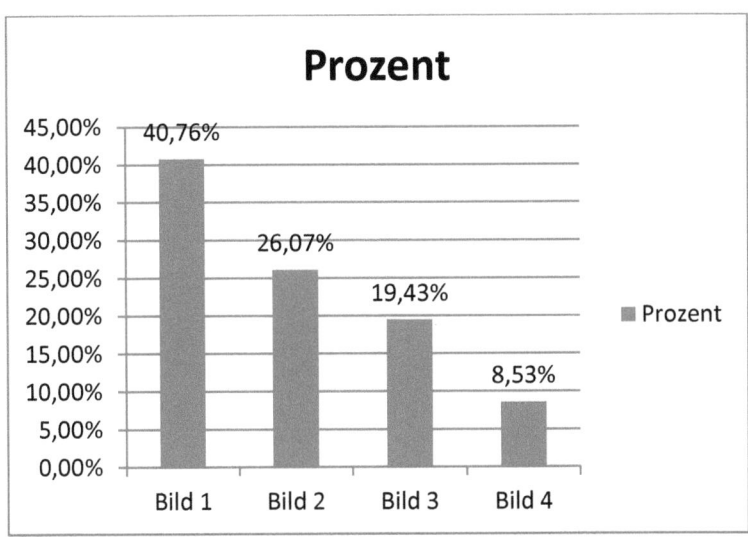

Abbildung 2: Prozentuale Verteilung der Bilder auf die einzelnen Kategorien (eigene Darstellung)

2.8   Anordnung der Bilder im Fragebogen

Da im Fragebogen zu dem wissenschaftlichen Projekt eine Reihenfolge der Bilder hinterfragt werden sollte, wurde die Reihenfolge der Bilder willkürlich ausgewählt. Vermutet wird, dass eine Rangfolge, wie sie sich aus der Analyse ergeben hatte, dazu geführt hätte, dass sich die Probanden zu den vertrauten, weil am häufigsten verwendeten Bildern, hingezogen fühlen könnten. Dies sollte durch die willkürliche Anordnung vermieden werden. Zudem wird im Fragebogen eine kurze Begründung zur getroffenen Rangwertung eingefordert. Dies soll das Verständnis des (Selbst)Bildes der Pflege mit konkreten Aussagen vertiefen. Das Bild 1 wurde im Fragebogen als Bild C bezeichnet, Bild 2 als Bild A, Bild 3 als Bild D und Bild 4 als Bild B. Somit kann von einer guten Verteilung auf unterschiedliche Ränge ausgegangen werden.

3   Persönlichkeit und Testung der Persönlichkeit

Neben der reinen Auswertung der bildlichen Darstellung der Pflege erfolgt im Rahmen dieser Arbeit eine Hinterfragung der Ansprache verschiedener Persönlichkeiten durch diese unter Punkt 2 herausgearbeiteten Bilder. Hier scheint es notwendig den Begriff „Persönlichkeit" vorab zu definieren, um eine rein hermeneutische Grundlage für die weitere Arbeit zu schaffen. Zur Begriffsdefinition werden sowohl philosophische und psychologische als auch pflegewissenschaftliche Definitionen herangezogen. Im weiteren Verlauf wird dann auf die Persönlichkeitstestung eingegangen, welche sich mit der Messung der Persönlichkeit eines Menschen beschäftigt.

3.1   Der Persönlichkeitsbegriff

In der philosophischen Betrachtung des Begriffes „Persönlichkeit" ist eine scharfe Trennung zu dem Begriff „Person" zu ziehen. Hierbei wird der Begriff „Person" sehr divergent diskutiert. Werden Personen auf der einen Seite als Individuen verstanden, die durch Selbstbewusstsein und Erinnerungen charakterisiert werden (Locke, 1694), wird die Person andererseits als autonomes Wesen gesehen, welches nur seinen eigenen Gesetzen unterworfen sei und sowohl über Rechte als auch Pflichten verfügt (Kant, 1785). Beiden Definitionen gleich ist die Verbundenheit von Körperlichkeit und Wesen des Menschen. Erst in der Differenzierung in die Teile Wesen und Körper lässt sich eine Definition für den Persönlichkeitsbegriff erkennen. In freier Anlehnung an Kant kann die Persönlichkeit als Gesamtheit der persönlichen Eigenschaften des Menschen gesehen werden (= Wesen), welches sich von der Person (= Körper und Wesen) abgrenzt (Kant, 1787). Dieser Persönlichkeitsbegriff spiegelt sich auch in den unterschiedlichsten psychologischen Persönlichkeitsdefinitionen wider. Allport stellte 49 verschiedene Begriffsdefinitionen vor und schloss seine eigene Definition als fünfzigste an (Allport, 1974). Demnach ist die „...Persönlichkeit (...) die dynamische Ordnung derjenigen psychophysischen Systeme im Individuum, die seine einzigartigen Anpassungen an seine Umwelt bestimmen." (ebd.)

Die Pflegewissenschaft in Deutschland hat keine eigene Entwicklung des Persönlichkeitsbegriffes hervorgebracht und bezieht sich eher auf Anleihen aus der Persönlichkeitspsychologie. Häufig finden sich Anlehnungen an Amelang (Amelang, 2010), der Persönlichkeit als die Gesamtheit der Persönlichkeitseigenschaften eines Menschen sieht. Diese Definition deckt sich auch mit der Kant'schen Definition und soll unter dieser Hermeneutik verwendet werden.

3.2   Persönlichkeitstestung

Um die Persönlichkeit eines Menschen zu erfassen, gibt es viele unterschiedliche Methoden und Verfahren. Um eine ausufernde Differenzierung einzelner Testverfahren zu vermeiden, sollen im Folgenden die Kriterien für die Auswahl eines Testverfahrens dargestellt werden.

Als erstes Kriterium wurde die internationale Vergleichbarkeit im Rahmen der Pflege als maßgebliches Merkmal angesetzt. Das zweite Kriterium ist die Eignung für berufliche Situationen und das dritte Kriterium soll die Erfassung einer Dimension im Rahmen der psychischen Konstellation des Probanden ermöglichen.

3.2.1   Internationale Vergleichbarkeit im Rahmen der Pflege

Um die internationale Vergleichbarkeit im Rahmen der Pflege zu objektivieren, wurde mittels einer Literaturrecherche die Studienlage zur Persönlichkeit und Pflege überprüft. Pflege wurde in diesem Kontext als professionelle, berufliche Pflege verstanden. Hierbei wurde auf die Datenbanken CareLit, Cochrane Library, CINAHL, Medline, PsycARTICELS, PsycINFO und SpringerLink zurückgegriffen. Sehr schnell zeigte sich, dass vor allem im angloamerikanischem Bereich die Messung der Persönlichkeit mittels den Ausprägungen der sogenannten Big Five erfolgt. Hierbei handelt es sich um den psycholexikalen Ansatz, der aussagt, dass die Persönlichkeit eines Menschen in der Sprache des Menschen beschreibbar ist (Muck, 2005). Die prominentesten Vertreter dieses Ansatzes sind Costa und McCrae mit ihren Testverfahren NEO-PI-R (NEO-Personal-Inventory-revised) und

NEO-FFI (NEO-Five-Factor-Inventary bzw. NEO-Fünf-Faktoren-Inventar) (vgl. McCrae, et al., 2005). Nach dieser Erkenntnis wurde die Literaturrecherche auf diese beiden Testverfahren beschränkt. Das am häufigsten eingesetzte Testverfahren ist im Zusammenhang mit Pflegepersonal das NEO-FFI. Dieses wird zu einem späteren Zeitpunkt noch ausführlicher dargestellt.

Die Studienlage des Zeitraumes 2003 bis 2013 ergab folgendes Bild:

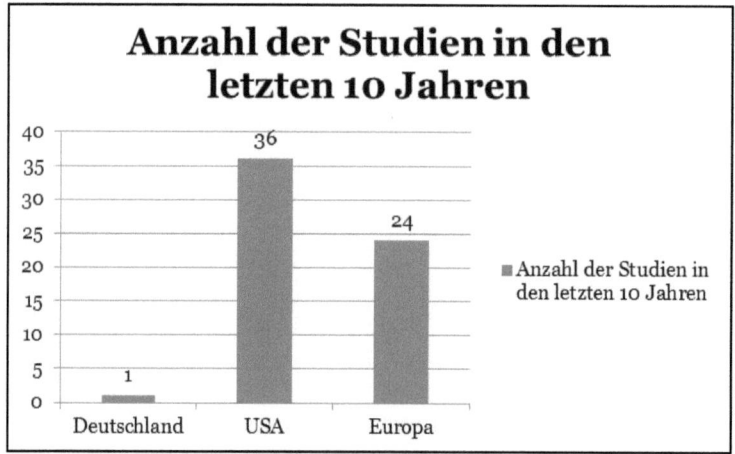

Abbildung 3: Studienlage der letzten 10 Jahre (eigene Darstellung)

Die Studienlage fokussiert sich vor allem auf die USA. Es wurde vermutet, dass sich durch die grundständige Ausbildung auf Bachelorniveau in der Pflege eine breitere wissenschaftliche Basis finden lässt als in Ländern, in denen ein Bachelorabschluss eine zusätzliche Qualifikation nach der Ausbildung ist. Da aber keine Studie in diesem Bereich z.B. in Großbritannien zu finden ist, wo es ähnliche Qualifizierungswege gibt wie in Nordamerika, scheint diese Theorie nicht zu greifen. Die europäischen Ergebnisse kommen vor allem aus Spanien und Italien. Die vorliegende deutsche Studie von Laupenmühlen-Schemm et al. (2011) muss kritisch betrachtet werden. Hier geht es um Kompetenzmessung im Rahmen der Ausbildung zur Gesundheits- und Krankenpflege im Vergleich mit Auszubildenden der Physiotherapie. Jedoch werden im Rahmen der

Persönlichkeitspsychologie personale Kompetenzen von Persönlichkeitsinventaren unterschieden. Dies geschieht in dieser Studie nicht eindeutig und macht somit das Handling dieser Arbeit schwierig. Das dort jedoch eingesetzte Testverfahren (NEO-PI-R) lieferte dennoch gute und interessante Ergebnisse, die im Rahmen der Diskussion innerhalb dieser Arbeit wieder aufgegriffen werden.

3.2.2   Weitere Kriterien

Da die oben dargestellte Literaturrecherche als klares Ergebnis brachte, dass hauptsächlich der Persönlichkeitstest des NEO-FFI eingesetzt wurde, wurde dieser auf seine Eignung für berufliche Situationen und die Dimension der psychischen Konstellation überprüft. Vorab werden jedoch das NEO-FFI und seine Skalen beschrieben. Dies scheint insbesondere aufgrund der Abhängigkeit weiterer Kriterien von den einzelnen Skalen notwendig zu sein.

3.3   NEO-FFI

Der NEO-FFI-Persönlichkeitstest geht auf den psycho-lexikalischen Ansatz zurück, welcher sich aus der Sedimentationshypothese von Klages (1969) und Cattell (1943) herleitet. Dieses besagt, dass sich alle wichtigen Unterschiede der Persönlichkeit in der Sprache des Menschen widerspiegeln. Je bedeutsamer dieser Unterschied ist, desto wahrscheinlicher hat sich hierfür ein eigenes Wort herausgebildet und etabliert. Hierbei finden sich alle Begriffe, die Persönlichkeitsmerkmale beschreiben, in Lexikas wieder und decken somit universell alle Persönlichkeitseigenschaften ab (Angleitner et al., 1990).

Das NEO-Fünf-Faktoren-Inventar (NEO-FFI) ist ein faktorenanalytisch konstruiertes Fragebogenverfahren. Es erfasst Merkmalsausprägungen in den Bereichen Neurotizismus, Extraversion, Offenheit für Erfahrungen, Verträglichkeit und Gewissenhaftigkeit. Auf jedes dieser Merkmale beziehen sich 12 der insgesamt 60 Fragen in dem Fragebogen (Borkenau et al., 2008). Die einzelnen Skalen dienen der

Erfassung von Persönlichkeitsmerkmalen, in denen sich alle Menschen unterscheiden. Die unterschiedlichen Skalen werden nun dargestellt:

3.3.1 Neurotizismus

Diese Skale erfasst sowohl individuelle Unterschiede in der emotionalen Stabilität als auch in der emotionalen Instabilität. Neurotizismus darf hierbei nicht im Sinne einer Diagnose einer psychischen Erkrankung verstanden werden. Der Fokus der Neurotizismus-Skala liegt darauf, wie Menschen Emotionen – insbesondere negative – erleben. Personen mit einer hohen Ausprägung in Neurotizismus erleben häufiger Angst, Nervosität, Anspannung, Trauer, Unsicherheit und Verlegenheit. Zudem bleiben diese Empfindungen bei ihnen länger bestehen und werden leichter ausgelöst. Sie tendieren zu mehr Sorgen um ihre Gesundheit, neigen zu unrealistischen Ideen und haben Schwierigkeiten, auf Stresssituationen angemessen zu reagieren. Personen mit niedrigen Neurotizismuswerten sind eher ruhig, zufrieden, stabil, entspannt und sicher. Der Prototyp lässt sich durch nichts aus der Ruhe bringen. Er erlebt seltener negative Gefühle. Dabei sind niedrige Werte nicht zwangsläufig mit dem Erleben von positiven Emotionen verbunden (Borkenau et al., 2008).

3.3.2 Extraversion

Dieser Faktor beschreibt Aktivität und zwischenmenschliches Verhalten. Hierbei muss beachtet werden, dass das Gegenteil der Extraversion nicht die Introversion ist. Costa und McCrae sehen die Introversion eher als ein Fehlen der Extraversion (Costa et al., 1992). Personen mit hohen Extraversionswerten sind gesellig, selbstsicher, aktiv, gesprächig, energisch, heiter und optimistisch. Sie fühlen sich in Gruppen wohl, lieben Aufregung und neigen zu einem heiteren Naturell. Menschen mit geringen Extraversionswerten sind eher zurückhaltend als unfreundlich, eher unabhängig als folgsam, eher ausgeglichen als unsicher oder phlegmatisch. Ihr Hauptcharakteristikum ist der Wunsch allein zu sein. Sie sind jedoch nicht unglücklich und pessimistisch (Borkenau et al., 2008).

3.3.3   Offenheit für Erfahrungen

Diese Skala erfasst das Interesse und die Beschäftigung an und mit neuen Erfahrungen, Erlebnissen und Eindrücken. Personen mit hohen Offenheitswerten geben an, dass sie ein reges Phantasieleben besitzen, ihre eigenen Gefühle akzentuiert wahrnehmen und an vielen persönlichen und öffentlichen Vorgängen interessiert sind. Sie sind wissbegierig, intellektuell, phantasievoll, experimentierfreudig und künstlerisch interessiert. Sie hinterfragen bestehende Normen und gehen auf neuartige soziale, politische und ethische Wertvorstellungen ein. Sie sind häufig unkonventionell, erproben neue Handlungen und bevorzugen eher Abwechslungen. Menschen mit niedrigen Werten in dieser Skala neigen eher zu konventionellem Verhalten und konservativen Einstellungen. Sie ziehen Bekanntes dem Neuen vor, und sie nehmen ihre Emotionen eher gedämpft wahr (Borkenau et al., 2008).

3.3.4   Verträglichkeit

Die Skala Verträglichkeit beschreibt eher interpersonelles Verhalten. Personen mit hohen Verträglichkeitswerten haben einen ausgeprägten Altruismus. Sie begegnen anderen Menschen mit Wohlwollen, Verständnis und Mitgefühl. Sie bemühen sich, anderen zu helfen, und sind überzeugt, dass diese sich ebenso verhalten. Sie sind gekennzeichnet durch ein hohes Harmoniebedürfnis und tendieren zu zwischenmenschlichem Vertrauen, zur Nachgiebigkeit und Kooperativität. Personen mit niedrigen Verträglichkeitswerten sind eher antagonistisch, egozentrisch und misstrauisch gegenüber anderen Menschen. Sie verhalten sich eher kompetitiv als kooperativ (Borkenau et al., 2008).

3.3.5 Gewissenhaftigkeit

Grundlage der Dimension Gewissenhaftigkeit ist der aktive Prozess der Planung, Organisation und Durchführung von Aufgaben. Personen mit hohen Werten in dieser Kategorie bezeichnen sich als zielstrebig, ehrgeizig, fleißig, willensstark, ausdauernd, systematisch, diszipliniert, zuverlässig, pünktlich, ordentlich, genau und penibel. Hingegen zeichnen sich Menschen mit geringen Gewissenhaftigkeitswerten eher nachlässig, gleichgültig und unbeständig. Sie verfolgen ihre Ziele mit geringerem Engagement (Borkenau et al., 2008).

3.3.6 Validität und Normierung des NEO-FFI

Das NEO-FFI ist auch in seiner deutschen Version als valides und reliables Testverfahren zur Messung von Persönlichkeitsstrukturen anzusehen. Eine deutsche Validierungstichprobe mit 1908 Datensätzen liegt vor (Körner et al., 2002). Ebenso wurde eine Validierungsstudie für jüngere Erwachsene durchgeführt (Lüdtke et al., 2004). Gerade diese Studie ist bedeutsam, da neben examinierten Pflegekräften auch Auszubildende der Gesundheits- und Krankenpflege befragt werden sollen, die dann in dem der Studie entsprechenden Altersdurchschnitt liegen müssten. Auch in Personalauswahlverfahren hat das NEO-FFI seine Reliabilität und Validität im deutschen Sprachraum bewiesen (Kanning, 2001).

Nach weiterer Verbreitung des NEO-FFI in Deutschland wurde 2008 von Körner et al. eine deutsche Normierungsstudie anhand von 1908 Datensätzen vorgenommen (Körner et al., 2008). Die Ergebnisse dieser Studie können neben den sich im Manual befindlichen Normtabellen zur Diskussion der Ergebnisse dieser jetzigen Untersuchung herangezogen werden und sind von daher als bedeutsam zu bezeichnen.

Verfälschungstendenzen sind beim NEO-FFI nur zu finden, wenn der Testleiter sich nicht an die im Manual beschriebenen Durchführungsanweisungen hält oder Personen über tiefere Kenntnisse über das NEO-FFI verfügen und den Test dann bewusst verfälschen würden (Krahe et al., 2003). Da anzunehmen ist, dass keiner der Probanden vertiefte Kenntnisse des NEO-FFIs besitzt und auch eine Motivation für ein bewusstes Verfälschen in eine Richtung nicht zu erwarten ist, kann von verwertbaren, validen und reliablen Ergebnissen ausgegangen werden.

3.3.7 Eignung des NEO-FFI für berufliche Situationen

Neben der bereits oben aufgeführten Studie von Kanning zum Einsatz des NEO-FFI in Personalauswahlverfahren bei Polizisten gibt es weitere Nachweise für den Einsatz in beruflichen Situationen. So berichten McCrae et al. über ausgeprägte Korrelationen zwischen Berufsinteressen und den Persönlichkeitsfaktoren Extraversion und Offenheit für Erfahrungen (McCrae et al., 1991). Barrick et al. haben nachgewiesen, dass das Persönlichkeitsmerkmal Gewissenhaftigkeit mit einer Kriteriumsvalidität um r=.30 ein valider Faktor für den Berufserfolg ist (Barrick et al., 1991) und dies unabhängig von der Art des Berufes. Einen Zusammenhang gibt es ebenfalls zwischen den Persönlichkeitsfaktoren Extraversion und Verträglichkeit mit Leistungsunterschieden bei Tätigkeiten, welche soziale Interaktion erfordern (Mount et al., 1998). Der Persönlichkeitsfaktor Offenheit für Erfahrung ist bedeutsam für den Ausbildungserfolg (Noftle et al., 2007).

Abschließend lässt sich feststellen, dass das NEO-FFI für den Einsatz in beruflichen Situationen geeignet ist. Eine Anwendung in Personalauswahlsituationen in dem Berufszweig „Pflege" wird weder für den deutschen Sprachraum noch im internationalen Bereich berichtet. Dies schränkt aber die Aussagekraft für die hier vorliegende Untersuchung nicht ein, sondern eröffnet eher neue Dimensionen in der Diskussion der Ergebnisse.

3.3.8 Darstellung der psychischen Konstellation

Das NEO-FFI darf nicht im Sinne einer Diagnose einer psychischen Erkrankung gesehen werden. Dies gilt insbesondere für die Persönlichkeitsfaktoren innerhalb des Neurotizismus (Borkenau et al., 2008). Dennoch können emotionale Labilität bzw.

Stabilität aus dieser Kategorie, zusammen mit den Ergebnissen des Persönlichkeitsfaktors Offenheit für Erfahrungen und seinen Ausprägungen im Bereich der Wahrnehmung für das eigene emotionale Wohlbefinden, als Indikator für den Umgang mit schwierigen Lebenssituationen diskutiert werden. Dies soll an einem Beispiel erläutert werden: Neigt eine Pflegekraft mit hohen Werten im Bereich Neurotizismus dazu, in schwierigen Situationen eher traurig, unsicher, erschüttert und betroffen zu reagieren, und nimmt sie auf der anderen Seite durch hohe Ausprägungen der Persönlichkeitskategorie Offenheit für Erfahrungen ihre Gefühle und Emotionen sehr bewusst wahr und flüchtet sich durch ebenfalls hohe Ausprägungen im Bereich Verträglichkeit in eine Art Arbeitssucht, so können diese Faktoren in ihrer Gesamtheit als grundlegende Rahmenbedingungen für psychische Erkrankungen wie z.B. Burn-Out gesehen werden (Lexa, 2012; Melo et al., 2011).

3.3.9 Abschließende Bewertung des NEO-FFI

Das NEO-FFI erfüllt alle der oben aufgeführten Kriterien für einen Persönlichkeitstest. Normierung und Validität dieses Tests erweisen sich als hoch. Die Studienlage ist besonders im internationalen Vergleich aussagekräftig und gut. Die Eignung für berufliche Situationen ist gegeben, auch wenn eine spezielle, berufsbezogene Studie in Deutschland nicht vorliegt. Die Darstellung der psychischen Konstellation ist aufgrund der großen Korrelationen der einzelnen Persönlichkeitsmerkmale möglich. Somit kann das NEO-FFI für die hier angestrebte Befragung uneingeschränkt eingesetzt werden.

4 Durchführung der Studie

Dieses Kapitel beschäftigt sich mit der Konstruktion des Fragebogens, dem Pre-Test, den Probanden und der eigentlichen Datenerhebung. Die Ergebnisse werden in Kapitel 5 dargestellt und in Kapitel 6 diskutiert.

4.1 Konstruktion des Fragebogens

Der eingesetzte Fragebogen besteht in seinen Grundzügen aus zwei Teilen. Der erste Teil ist die Papierversion des NEO-FFI. Diese Version ist genauso einsetzbar wie die digitale, computerbasierende, elektronische Erhebung (Rammstedt et al., 2004). Weder auf Item- noch auf Skalenebene ließen sich hier systematische Mittelwertdifferenzen identifizieren. Hierbei werden je Persönlichkeitsskala 12 Items in der immer wiederkehrenden Reihenfolge Neurotizismus-Extraversion-Offenheit für Erfahrungen-Verträglichkeit-Gewissenhaftigkeit erfasst. Somit werden 60 Items erfasst, die mittels einer Testschablone ausgewertet werden. Neben den Items der Persönlichkeit werden auf dem NEO-FFI-Fragebogen soziokulturelle Daten wie Geschlecht, Alter und Schulabschluss erfasst. Die Erfassung der beruflichen Tätigkeit ermöglichte später die Differenzierung nach den Arbeitsfeldern der Probanden.

Der zweite Teil des Fragebogens bestand aus den unter Punkt 2 herausgearbeiteten Bildern. Diese sollten von den Probanden in eine Reihenfolge gesetzt werden. Diese gesetzte Reihenfolge sollte anhand kurzer Kommentare zusätzlich begründet werden. Des Weiteren wurden die Staatsbürgerschaft und der Migrationshintergrund hinterfragt, um interkulturelle Differenzen identifizieren zu können. Eine Abfrage der sportlichen Aktivität diente der Tendenzierung der psychischen Konstellation, da sportliche Betätigung präventiv psychischen Erkrankungen entgegenwirkt.

4.2   Pre-Test

Da die Durchführung des NEO-FFI klaren Regeln unterworfen ist, mussten die zusätzlichen Fragen selbsterklärend und verständlich sein. Aus diesem Grund wurde der Gesamtfragebogen einem Pre-Test mit 10 Probanden unterzogen. Hier zeigte sich, dass vor allem die Aufforderung nach einer Begründung für die getroffene Bildreihenfolge missverständlich war. Diese wurde überarbeitet und mit den Probanden diskutiert. Die 10 Pre-Test-Probanden waren ausschließlich akademisierte Pflegekräfte mit eigener Forschungserfahrung. So sollte ein kritischer Blick auf die Befragung in ihrer Gesamtheit gewährleistet werden.

Der veränderte und diskutierte Fragebogen wurde daraufhin in einem weiteren Pre-Test mit 8 Probanden getestet. Dies ergab keine Fragen und aussagekräftige Ergebnisse. Somit wurde der Fragebogen für die Studie freigegeben.

4.3   Die Probanden

In der Fragestellung dieser Arbeit sollten vor dem Hintergrund einer sich verändernden Gesellschaft vor allem Auszubildende der Gesundheits- und Krankenpflege befragt werden. Es sollte ihre Beziehung zu Bildern der Pflege mit ihren Persönlichkeitseigenschaften untersucht werden. Als Größe wurden 100 Auszubildende angestrebt. Sie alle kommen aus Ausbildungsgängen des Bildungszentrums St. Hildegard in Osnabrück und verteilen sich auf alle drei Jahre der Ausbildung.

Um die dort gewonnenen Ergebnisse mit denen von examinierten Pflegekräften zu vergleichen, wurde eine zweite Gruppe als Kontrollgruppe mit ebenfalls 100 Probanden angestrebt. Hierbei handelt es sich um Fort- und Weiterbildungsteilnehmer, die Veranstaltungen ebenfalls am Bildungszentrum St. Hildegard in Osnabrück besucht haben. Auch wenn das Bildungszentrum eines der größten seiner Art in Norddeutschland ist, so kommen die examinierten Pflegekräfte größtenteils ebenfalls aus dem Großraum Osnabrück. Somit sind regionale Unterschiede nicht zu erwarten und in der anschließenden Diskussion zu vernachlässigen.

4.4 Durchführung der Befragung

Die Durchführung der Befragung und Datenerhebung erfolgte in einem Zeitraum von circa drei Monaten von Anfang Juli bis Ende September 2013. Der Kontakt zu den Auszubildenden wurde durch die Kursleitungen der entsprechenden Ausbildungskurse hergestellt. Die Kursleitungen wurden hierbei nicht über die Fragestellung der Arbeit informiert, um eine versehentliche Fehlinformation mit einer unbeabsichtigten Verfälschung der Testergebnisse zu vermeiden. Die Datenerhebung in den Kursen erfolgte jeweils nachmittags ab 15.15 Uhr. Dafür wurde der eigentliche Unterricht früher beendet. Den Auszubildenden wurde freigestellt, an dieser Befragung teilzunehmen. Da die Alternative eine früher einsetzende Freizeit gewesen wäre, kann von allen Probanden eine Freiwilligkeit vorausgesetzt werden, zumal die Kursleitungen sich nicht mehr im Klassenraum aufhielten. Der Autor dieser Arbeit ist zwar auch am Bildungszentrum tätig, dies aber ausschließlich im Fachbereich „OP". Somit war dieser den Auszubildenden nicht als Lehrer oder Dozent bekannt, und es kann eine unterbewusste Verpflichtung ausgeschlossen werden.

In der Gruppe der Pflegekräfte wurden die Probanden im Anschluss an Veranstaltungen persönlich angesprochen. Auch hier wurde eine Freiwilligkeit dadurch gewährleistet, dass der Autor sowohl nicht als Dozent in Erscheinung getreten ist als auch dadurch, dass die Befragung in einem separaten Raum durchgeführt wurde.

Zur Anmoderation und Begleitung des NEO-FFI sind klare Regeln vorhanden. Diese wurden durch folgende Angaben ergänzt:

„Sehr geehrte Damen und Herren, mein Name ist Nicolas Vogt. Ich habe in den letzten zweieinhalb Jahren berufsbegleitend Pflegewissenschaften an der Hochschule Osnabrück studiert. Aktuell stehe ich kurz vor meiner Bachelorarbeit. Im Rahmen dieser Arbeit möchte ich Sie einladen an einer Befragung teilzunehmen. In der Befragung geht es um den Zusammenhang der Außendarstellung der Pflege mittels Bildern und der Ansprache von Persönlichkeiten durch diese Bilder. Zu diesem Zweck habe ich einen Fragebogen entwickelt, den Sie mir freundlicherweise beantworten dürfen." (freier Moderationsentwurf durch Nicolas Vogt).

Gefolgt wurde diese Einleitung von der im Manual beschriebenen Testinstruktion:

„Dieser Fragebogen enthält 60 Aussagen, welche sich zur Beschreibung Ihrer eigenen Person eignen können. Lesen Sie bitte jede dieser Aussagen aufmerksam durch und überlegen Sie, ob diese Aussage auf Sie persönlich zutrifft oder nicht. Zur Bewertung jeder der 60 Aussagen steht Ihnen eine fünffach abgestufte Skala zur Verfügung. Kreuzen Sie bitte an:

Starke Ablehnung, wenn Sie der Aussage auf keinen Fall zustimmen oder sie für völlig unzutreffend halten.

Ablehnung, wenn Sie der Aussage eher nicht zustimmen oder sie für unzutreffend halten.

Neutral, wenn die Aussage weder richtig noch falsch, also weder zutreffend noch unzutreffend ist.

Zustimmung, wenn Sie der Aussage eher zustimmen oder sie für zutreffend halten.

Starke Zustimmung, wenn Sie der Aussage nachdrücklich zustimmen oder sie für völlig zutreffend halten.

Es gibt bei diesem Fragebogen keine richtigen oder falschen Antworten, und Sie müssen kein Experte sein, um den Fragebogen angemessen beantworten zu können. Sie erfüllen den Zweck der Befragung am besten, indem Sie die Fragen so wahrheitsgemäß wie möglich beantworten.

Bitte lesen Sie jede Aussage genau durch und kreuzen Sie als Antwort die Kategorie an, die Ihre Sichtweise am besten ausdrückt. Falls Sie Ihre Meinung nach dem Ankreuzen einmal ändern sollten, streichen Sie Ihre erste Antwort bitte deutlich durch. Bitte bewerten Sie die 60 Aussagen zügig aber sorgfältig. Lassen Sie keine Aussage aus. Auch wenn Ihnen einmal die Entscheidung schwer fallen sollte, kreuzen Sie trotzdem immer eine Antwort an, und zwar die, welche noch am ehesten auf Sie zutrifft. (…)" (Borkenau et al., 2008 S.36-37).

Diesen offiziellen Testinstruktionen des Manuals folgte dann eine weitere Moderation zu dem zweiten Teil des Fragebogens:

„Im zweiten Teil bringen Sie bitte die aufgeführten Bilder in eine Rangfolge von 1 bis 4 und begründen diese bitte kurz mit aussagekräftigen Sätzen. Beantworten Sie danach noch einige statistische Angaben. Bitte beginnen Sie jetzt mit der Beantwortung der Fragen." (freier Moderationsentwurf von Nicolas Vogt).

Für die Testdurchführung wurden 25 Minuten eingeräumt. Diese setzen sich aus 10 Minuten für die Beantwortung des NEO-FFI und 15 Minuten für den zweiten Teil zusammen. Mit dieser Zeit kamen alle Probanden problemlos zurecht.

4.5   Auswertung der Fragebögen

Die Auswertung der Fragebögen erfolgte mittels SPSS v.15. Hierfür liegt eine Syntax im deutschen Manual des NEO-FFI vor. Zudem wurde eine Excel-Tabelle entwickelt, die die gleichen Berechnungen durchführt wie SPSS. Die Ergebnisse sind mit beiden Programmen deckungsgleich. Die Testauswertung des NEO-FFI erfolgte mittels Testschablone. Die entsprechenden Itemwerte wurden dann in die Software übertragen. Dieser Vorgang wurde zweimalig kontrolliert, so dass Übertragungsfehler auszuschließen sind.

Das Ranking der Bilder wurde einmal absolut nach der Häufigkeit der auf Platz 1 gesetzten Bilder sowie nach einem Punkteranking ausgewertet. Hierbei erhielt das Bild auf Platz 1 einen Punkt, auf Platz 2 zwei Punkte, auf Platz 3 drei Punkte und auf Platz 4 vier Punkte. Das Bild mit der geringsten Punktzahl landete somit auf dem ersten Platz.

Da die Datenerhebung anonym erfolgte, wurden die ausgefüllten Fragebögen im Rahmen der Testauswertung mit Kennungen versehen. Hierbei wurde für die Gruppe der Auszubildenden die Kennung „AZ" mit aufsteigender Nummerierung – z.B. AZ1 oder AZ5 – versehen. Die Gruppe der examinierten Pflegekräfte wurde mit der Kennung „EZ" in gleicher Weise mit aufsteigender Nummerierung markiert.

Die Begründungen der Bildreihenfolgen wurden in Gruppen zusammengeführt und sind mit der entsprechenden Kennung dieser Arbeit als Anlage angefügt.

5   Ergebnisse

An der Befragung nahmen insgesamt 105 Auszubildende zur Gesundheits- und Krankenpflege und 103 examinierte Pflegekräfte teil. Von den 105 Fragebogen der Auszubildenden konnten 5 Fragebögen nicht mit in die Auswertung einbezogen werden. Bei drei waren die Fragen des NEO-FFI nicht vollständig beantwortet, so dass die Skalenwerte keine Aussagekraft besitzen. Bei einem Fragebogen wurden sowohl die soziodemographischen Angaben als auch die Angaben in dem Fragebogen nicht wahrheitsgemäß beantwortet. Bei diesem Probanden wurde das Alter mit „14", der Schulabschluss mit „Keiner" und der Beruf mit „Hartz IV" angegeben. Allein aufgrund der Zulassungsvoraussetzungen für die Ausbildung in der Pflege können diese Angaben nicht korrekt sein. Zudem wurden alle Fragen des NEO-FFIs mit „Neutral" beantwortet. Ein Ranking der Bilder wurde nicht vorgenommen und auch keine Begründung abgegeben. Somit sind die formalen Gütekriterien nicht gegeben und dieser Fragebogen wurde ausgeschlossen. Eine Probandin kommentierte auf der Seite 4 des NEO-FFI-Fragebogens, dass sie einige Fragen nicht verstanden habe. Da die Beherrschung der deutschen Sprache aber für den Test unerlässlich ist, um wahrheitsgetreue Aussagen zu treffen, wurde dieser Fragebogen ebenfalls ausgeschlossen. Es blieben somit 100 Testbogen für die Gruppe der Auszubildenden übrig. Die Fragebogen der Gruppe der examinierten Pflegekräfte konnten hingegen ohne Ausschluss verwendet werden.

5.1   Soziodemographische Daten

Der Anteil der männlichen Teilnehmer lag in der Gruppe der Auszubildenden bei 28,00 % (N= 28). Der Anteil weiblicher Auszubildender betrug 72,00 % (N= 72). In der Gruppe der examinierten Pflegekräfte belief sich der Anteil der männlichen Probanden auf 23,30 % (N= 24), der Anteil der weiblichen Probanden auf 76,69 % (N= 79). Das Durchschnittsalter der Auszubildenden lag bei 20,77 Jahren, wobei das durchschnittliche Alter bei den männlichen Probanden mit 21,46 Jahren etwas höher als bei den weiblichen Teilnehmerinnen mit 20,50 Jahren im Mittel war. In der Gruppe der examinierten Pflegekräfte betrug das Durchschnittsalter 32,18 Jahre, wobei das

Durchschnittsalter der männlichen Probanden mit 32,25 Jahren nur unwesentlich über dem der Frauen mit 32,16 Jahren lag.

91,00 % (N= 91) aller Auszubildenden waren deutsche Staatsbürger, 5,00 % (N= 5) gaben an russische Staatsbürger zu sein, und jeweils 1,00 % (N= 1) kamen aus Kasachstan bzw. der Türkei oder aus Indien. Bei den examinierten Pflegekräften kamen 94,17 % (N= 97) aus Deutschland. 2 Teilnehmer (1,94 %) sind Staatsbürger der Ukraine und jeweils 1 Teilnehmer (0,97 %) ist niederländischer, kasachischer oder österreichischer Nationalität. Eine Teilnehmerin (0,97 %) machte hierzu keine Angaben. 7,77 % (N= 8) der examinierten Probanden gaben einen offiziellen bzw. inoffiziellen Migrationshintergrund an. Diese Zahl lag bei der Gruppe der Auszubildenden mit 21,00 % (N= 21) deutlich höher.

37,00 % (N= 37) der Auszubildenden verfügen über einen erweiterten Sekundarschulabschluss I, 21,00 % (N= 21) besitzen die Fachhochschulreife, 30,00 % (N= 30) gaben als Schulabschluss das Abitur an und 12,00 % (N= 12) machten hierzu keine Angaben. In der Gruppe der examinierten Pflegekräfte verfügen 53,40 % (N= 55) über den erweiterten Sekundarschulabschluss I, 29,13 % (N= 30) besitzen die Fachhochschulreife und 16,50 % (N= 17) nannten als Schulabschluss das Abitur.

Im Rahmen der sportlichen Aktivität gaben 77,00 % (N= 77) in der Gruppe der Auszubildenden und 70,87 % (N= 73) in der Gruppe der examinierten Pflegekräfte an, mehrfach in der Woche Sport zu treiben.

Die Verteilung auf die Arbeitsumfelder zeigt auf, dass 57,28 % (N= 59) aller befragten Pflegekräfte auf einer peripheren Station im Krankenhaus arbeiten, während alle Auszubildenden (N=100) ebenfalls dort tätig sind. Von der Gruppe der examinierten Pflegekräfte arbeiten 7,76 % (N= 8) in Operationsabteilungen, 5,83 % (N= 6) in der Anästhesie und jeweils 14,56 % (N= 15) in der ambulanten Pflege oder auf einer Intensivstation.

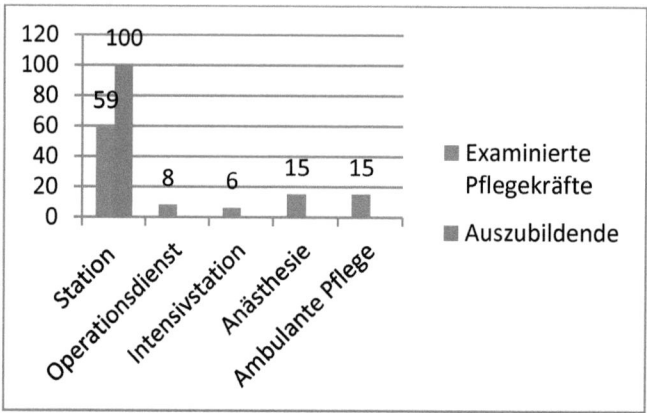

Abbildung 4: Verteilung der Probandengruppen nach Einsatzgebieten

5.2   Bilder der Pflege

Die Verteilung der Bilder der Pflege, welche auf Platz 1 gesetzt wurden, zeigte eine deutliche Zusprache für Bild A und Bild C. In der Gruppe der examinierten Pflegekräfte sprachen sich 37,86 % (N= 39) für Bild A, 18,45 % (N= 19) für Bild B, 32,04 % (N= 33) für Bild C und 11,65 % (N= 12) für Bild D aus. Die Verteilung in der Gruppe der Auszubildenden tendierte deutlicher zu den Bildern A und C. Hier setzten 42,00 % (N= 42) das Bild A, 12,00 % (N= 12) das Bild B, 40,00 % (N= 40) das Bild C und 6,00 % (N= 6) das Bild D auf Platz 1. In der Gesamtauswertung und Zusammenfassung beider Gruppen rangiert somit Bild A mit 39,90 % (N= 81) auf Platz 1 vor Bild C mit 35,95 % (N= 73). Es folgt Bild B mit 15,27 % (N= 31) auf Platz 3 vor Bild D mit 8,87 % (N= 18).

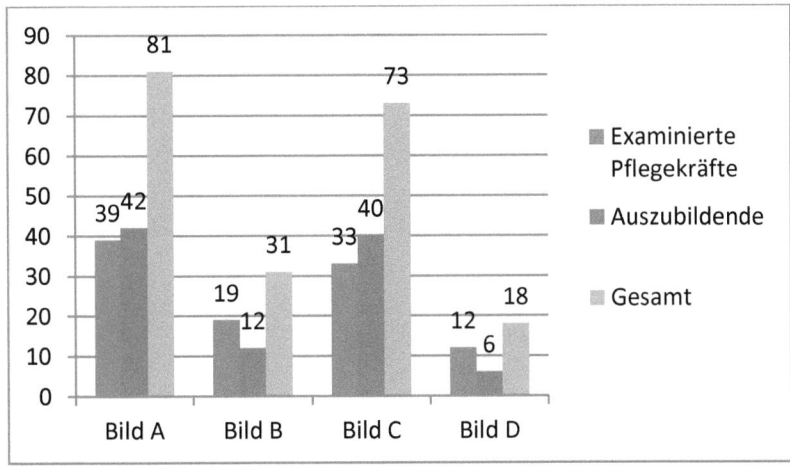

Abbildung 5: Verteilung der Stimmen auf die Bilder (eigene Darstellung)

Auffällig ist die eher breitere Verteilung in der Gruppe der examinierten Pflegekräfte auf die einzelnen Bilder und die Fokussierung auf zwei Bilder in der Gruppe der Auszubildenden.

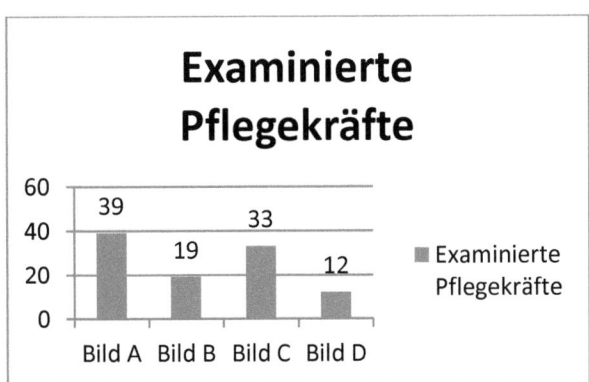

Abbildung 6: Verteilung der Bilder in der Gruppe der examinierten Pflegekräfte (eigene Darstellung)

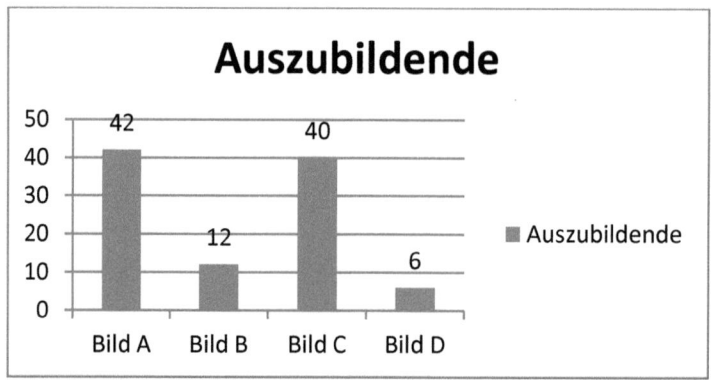

Abbildung 7: Verteilung der Bilder in der Gruppe der Auszubildenden (eigene Darstellung)

Diese deutlichen Unterschiede in den einzelnen Gruppen in Bezug auf die Bildverteilung wird im Rahmen der Diskussion noch einmal aufgegriffen, da die Bilder A und C aus der unter Kapitel 2 dargestellten Analyse auch die häufigsten in Medien verwendeten Bilder sind.

5.3   Begründungen der Bildreihenfolge

Die einzelnen Aussagen aller Probanden wurden geclustert und Kategorien zugeordnet, um eine übersichtliche Darstellung der einzelnen Begründungen zu ermöglichen. Hierbei zeigte sich, dass viele Kategorien auf mehrere Bilder anzuwenden sind. Sehen ein Teil der Probanden in Bild A für sich ein realistisches Bild der Pflege, so sehen wiederum andere Probanden dies in Bild B oder C. Diese gleichen Aussagen zu unterschiedlichen Bildern ließen die Überlegung aufkommen, ob die gewählten Kategorien thematisch zu weit gefasst waren. Die weiteren Differenzierungsversuche führten jedoch zu keiner anderen und besseren Lösung.

Auffällig ist, dass Begründungen und Aussagen zu den Bildern oftmals deckungsgleich und unabhängig von der getroffenen Reihenfolge sind. Dies bekräftigt deutlich die in der Einleitung dieser Arbeit aufgebrachte Theorie, dass Pflege sich auf der einen Seite mit klassischen Bildern darstellt, die aber auf der anderen Seite unterschiedlich Menschen ansprechen. Das bedeutet, dass viele Probanden zwar das gleiche in den Bildern sehen, aber für sich ein anderes Bild von der Pflege haben und demzufolge auch ein anderes Bild in ihrem persönlichen Ranking auf den ersten Platz setzen.

5.3.1   Aussagen zu Bild A

In Bild A sehen 41,85 % (N= 85) aller Probanden ein realistisches, alltägliches Pflegebild. Ergänzt wird dies mit Aussagen von 36,95 % (N= 75) aller Befragungsteilnehmer, die in diesem Bild die Zunahme an Dokumentation und Technisierung innerhalb der Pflege sehen. Für 21,67 % (N= 44) steht der Patienten auf diesem Bild im Mittelpunkt der pflegerischen Interaktion. Dies ist ein gegensätzlicher Gesichtspunkt zu einem der hier gesetzten Marker, bei dem der Patient deutlich in den Hintergrund rückt. 23 Probanden (=11,33 %) stellen bei der Bewertung dieses Bildes das Teamwork im Pflegeteam – und teilweise interdisziplinär mit der Medizin – in den Fokus der Betrachtung.

5.3.2   Aussagen zu Bild B

Zu dem Bild B gibt es insgesamt die wenigsten Aussagen. Insbesondere in der Gruppe der Auszubildenden findet kaum eine Bewertung dieses Bildes statt. Greifbare Aussagen zu diesem Bild sind sowohl positiv als auch negativ besetzt. Negativ äußerten sich 3,94 % (N= 8) aller Probanden, indem sie in diesem Bild den alleingelassenen Patienten sehen und begründen dies mit einer Arbeitsverdichtung und „wenig Zeit".
Positive Äußerungen findet man in 6,89 % (N= 14) aller Aussagen. Assoziationen mit Ruhe und Menschlichkeit gehen mit intensiver Pflege und enger Patientenbeziehung einher.

5.3.3   Aussagen zu Bild C

Für das Bild C dominiert die Aussage zur Gestaltung einer pflegerischen Beziehung mit der gesamten Familie mit 53,21 % (N= 108) aller Begründungen. Zudem werden diesem Bild eine enge Patientenbeziehung in 88 Äußerungen (= 43,35 %) sowie eine hohe

Menschlichkeit in 35,96 % (N= 73) zugeschrieben. Die Freundlichkeit der Pflegekraft wird in 11,33 % (N= 23) aller Begründungen erwähnt.

Negativ besetzte Äußerungen oder Begründungen sind bei 7,39 % (N= 15) aller Probanden zu finden, die in diesem Bild ein idealisiertes, gestelltes Bild der Pflege sehen, welches in der Realität nicht erreicht wird.

5.3.4   Aussagen zu Bild D

Die Aussagen zu Bild D fokussieren sich in 22,17 % (N= 45) auf die Interaktion zwischen Pflege und Medizin. Hiervon sehen 27 (=60,00 %) der 45 Probanden, die diese Verknüpfung beschreiben, die Zusammenarbeit mit der Medizin als positiven Aspekt der pflegerischen Arbeit. 30,05 % (N= 61) schreiben diesem Bild einen gestiegenen Dokumentationsaufwand zu, der teilweise als eher hinderlich für die eigentliche Pflege gesehen wird.

5.3.5   Generelle Aussagen ohne direkte Zuordnung zu den Bildern

Überblickend muss festgestellt werden, dass nur wenige Begründungen für die getroffene Bildreihenfolge abgegeben wurden, obwohl dies im Fragebogen expliziert gewünscht war. Vielmehr haben die Probanden die Bilder eher beschrieben und einzelne Aspekte dargestellt. Somit wird es im Rahmen der Diskussion auf der einen Seite sehr schwierig, eine Begründung für Platzierungen zu finden, auf der anderen Seite aber lassen sich aus den getroffenen Aussagen wichtige Erkenntnisse in der Kopplung Bilder – Persönlichkeit herausarbeiten.

In vielen Fällen sind eher generalistische Aussagen zu den Bildern im Allgemeinen getroffen worden. Diese werden im Rahmen der Diskussion dann noch einmal aufgegriffen und hier nicht explizit dargestellt.

5.4   NEO-FFI

Bei der Auswertung des NEO-FFI zeigten sich insbesondere bei der Zuordnung zu den Bildern in der Gruppe der Auszubildenden klare Unterschiede. Bevor diese jedoch dargestellt werden, sollen die Gesamtgruppen beleuchtet werden.

5.4.1   Gruppe der examinierten Pflegekräfte

In der Gruppe der examinierten Pflegekräfte gab es eine durchschnittliche Ausprägung der Neurotizismusskale mit einem Wert von 20,73 und einer Standardabweichung von 7,61. Das Persönlichkeitsmerkmal Extraversion wies in der gleichen Gruppe einen Mittelwert von 29,68 mit einer Standardabweichung von 6,24 aus. Der Mittelwert in der Skala Offenheit für Erfahrungen lag bei einer Standardabweichung von 5,43 bei 26,21. Verträglichkeit erzielte unter den examinierten Pflegekräften einen Mittelwert von 31,14 bei einer Standardabweichung von 5,85. Der letzte erfasste Persönlichkeitswert, die Gewissenhaftigkeit, erreichte einen Mittelwert von 34,29 mit einer Standardabweichung von 6,84.

	Stichprobe		Bevölkerung	
	M	s	M	s
Neurotizismus	20,73	7,61	20,99	7,89
Extraversion	29,68	6,24	26,88	6,47
Offenheit für Erfahrungen	26,21	5,43	29,47	6,53
Verträglichkeit	31,14	5,85	30,45	5,38
Gewissenhaftigkeit	34,29	6,84	32,61	6,11

Tabelle 1: Stichprobenwerte im Vergleich mit den Mittelwerten und Standardabweichungen der Normierungsstichproben

Stellt man die oben aufgeführten Zahlen den Mittelwerten und Standardabweichungen der NEO-FFI-Skalen aus den 13 unterschiedlichen Normierungsstichproben (Borkenau et al., 2008; S.31) gegenüber, so lässt sich erkennen, dass die Gesamtgruppe der examinierten Pflegekräfte keine signifikanten Abweichungen von diesen Stichproben besitzt. Es gibt leichte Ausprägungen mit höheren Werten in den Itemskalen Gewissenhaftigkeit, Verträglichkeit und Extraversion, bei leicht niedrigeren Werten in dem Persönlichkeitsmerkmal Offenheit für Erfahrungen. Die Dimension Neurotizismus liegt genau im Mittelwertbereich der Normierungsstichproben. Die Standardabweichungen liegen für alle 5 Skalen im Bereich der Normierungsstichproben. Lediglich die Standardabweichung im Bereich Offenheit für Erfahrungen fällt etwas niedriger in der Gruppe der examinierten Pflegekräfte aus.

Die Verteilung in der Zuordnung der einzelnen Bilder zeigt in dieser Gruppe keine signifikanten Abweichungen im Verhältnis zur gesamten Stichprobe.

	Bild A		Bild B		Bild C		Bild D	
	M	s	M	s	M	s	M	s
Neurotizismus	19,03	6,90	22,79	9,05	21,00	6,27	22,25	10,23
Extraversion	29,21	5,92	29,37	7,45	30,58	5,51	29,25	7,55
Offenheit für Erfahrungen	25,74	5,43	27,89	6,26	25,70	5,07	26,50	5,11
Verträglichkeit	31,26	6,25	31,79	5,35	29,67	6,14	33,75	3,36
Gewissenhaftigkeit	33,79	6,35	32,16	7,49	35,61	6,67	35,67	7,56

Tabelle 2: Verteilung der Mittelwerte auf die einzelnen Bilder

Auffällig erscheinen nur die Standardabweichungen bei den Bildern B und D. Dies ist aber den relativ kleinen Gruppen von 19 Personen bei Bild B und 12 Personen bei Bild D geschuldet und verwundert daher nicht.

Vom Gesamtbild ist lediglich auffällig, dass die Personen in der Zuordnung zu Bild A geringere Werte im Bereich Neurotizismus aufweisen als die Personengruppen der anderen Bilder. Andere Abweichungen und Auffälligkeiten beziehen sich auf die Bilder B und D mit kleinen Gruppengrößen und können somit nicht als signifikant bezeichnet werden.

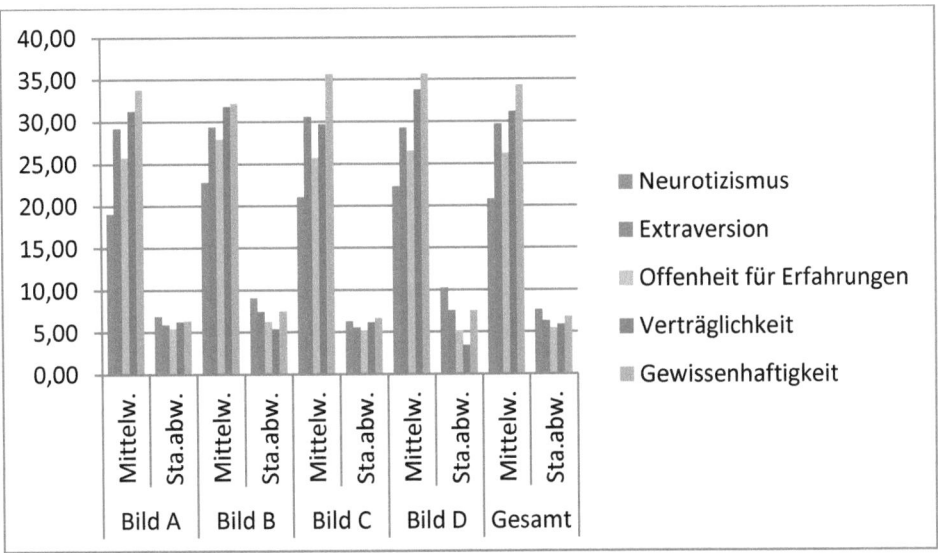

Abbildung 8: Verteilung der einzelnen Werte auf die Itemskalen in der Zuordnung zu den einzelnen Bildern und in der Gesamtstichprobe (eigene Darstellung)

Die maximale Abweichung innerhalb der Gruppe der examinierten Pflegekräfte ist auffallend stark. Der niedrigste gemessene Wert in der Skala Neurotizismus liegt bei 5, der höchste Wert bei 41. Bei den Extraversionswerten ist 13 die geringste Ausprägung und 40 die stärkste Ausprägung dieses Persönlichkeitsmerkmals. Die Differenz in der Skala für Offenheit für Erfahrungen ist mit 14 und 41 auf ähnlichem Niveau wie die Extraversionswerte und die Ergebnisse für Verträglichkeit, die im niedrigsten Wert bei 13 und im höchsten Wert bei 41 liegen. In der Skala Gewissenhaftigkeit liegt die Differenz zwischen 19 und 46 der erfassten Einzelwerte.

5.4.2 Gruppe der Auszubildenden

In der Gruppe der Auszubildenden gibt es im Gegensatz zur Gruppe der examinierten Pflegekräfte einige signifikante Auffälligkeiten. Die Werte für Neurotizismus liegen bei einer Standardabweichung von 7,20 bei 22,07 im Mittel. Extraversion weist eine Ausprägung von 31,23 mit einer Standardabweichung von 7,59 aus, Offenheit für

Erfahrungen einen Mittelwert von 28,14 mit einer Standardabweichung von 6,86, Verträglichkeit einen Wert von 31,72 mit einer Standardabweichung von 7,33. Das Persönlichkeitsmerkmal Gewissenhaftigkeit zeigt einen Mittelwert von 35,18 bei einer Standardabweichung von 5,93 auf.

Liegen die Werte für Offenheit für Erfahrungen und Verträglichkeit im Rahmen der Normierungsstichproben, so zeigt sich bei fast gleicher Standardabweichung eine höhere Ausprägung der Werte in der Neurotizismusskala. Signifikant höhere Ausprägungen weisen vor allem die Werte in den Persönlichkeitsmerkmalen Extraversion und Gewissenhaftigkeit auf. Besonders auffällig ist, dass der Wert in der Gewissenhaftigkeitsskala mit einer sehr niedrigen Standardabweichung der Gruppe der Auszubildenden signifikant von der Normierungsstichprobe abweicht.

	Stichprobe		Normierung	
	M	**s**	**M**	**s**
Neurotizismus	22,07	7,20	20,99	7,89
Extraversion	31,23	7,59	26,88	6,47
Offenheit für Erfahrungen	28,14	6,86	29,47	6,53
Verträglichkeit	31,72	7,33	30,45	5,38
Gewissenhaftigkeit	35,18	5,93	32,61	6,11

Tabelle 3: Stichprobenwerte im Vergleich mit den deutschen Normierungsstudien

Die Differenzen der niedrigsten und höchsten Ausprägung innerhalb der Gruppe der Auszubildenden liegen für Neurotizismus bei 7 und 42, für Extraversion bei 10 und 41, für das Merkmal Offenheit für Erfahrungen bei 17 und 39, in der Verträglichkeitsskala bei 14 und 47 und bei den Gewissenhaftigkeitswerten bei 20 und 46.

Noch auffälliger sind die Ergebnisse in der Zuordnung zu den einzelnen Bildern. Hier lassen sich klare Tendenzen und Persönlichkeitsmerkmale den einzelnen Bildern bzw. den einzelnen Gruppen zuschreiben.

	Bild A		Bild B		Bild C		Bild D	
	M	**s**	**M**	**s**	**M**	**s**	**M**	**s**
Neurotizismus	17,69	4,13	19,00	7,22	27,28	6,73	24,17	3,43
Extraversion	33,52	6,02	32,50	5,74	27,95	8,48	34,50	7,77
Offenheit für Erfahrungen	29,12	6,42	25,75	6,30	27,48	7,15	30,50	8,67
Verträglichkeit	33,62	6,02	31,92	8,03	30,15	8,33	28,50	4,59
Gewissenhaftigkeit	37,21	4,77	35,42	4,66	33,63	6,55	30,83	7,17

Tabelle 4: Verteilung der einzelnen Skalenwerte in Relation zu den Bildern

Insbesondere sind aufgrund der großen Probandenzahlen im Rahmen des Bilderrankings die Gruppen der Bilder A und C interessant. Vor allem die sehr großen Unterschiede in den Persönlichkeitsmerkmalen Neurotizismus, Extraversion und Gewissenhaftigkeit lassen eine klare Charakterisierung der einzelnen Gruppen zu, welche im Rahmen der Diskussion in Kapitel 6 dargestellt werden soll.

	Bild A		Normierung		Bild C	
	M	**s**	**M**	**s**	**M**	**s**
Neurotizismus	17,69	4,13	20,99	7,89	27,28	6,73
Extraversion	33,52	6,02	26,88	6,47	27,95	8,48
Offenheit für Erfahrungen	29,12	6,42	29,47	6,53	27,48	7,15
Verträglichkeit	33,62	6,02	30,45	5,38	30,15	8,33
Gewissenhaftigkeit	37,21	4,77	32,61	6,11	33,63	6,55

Tabelle 5: Vergleich der Ergebnisse der Bilder A und C mit den Ergebnissen der Normierungsstichproben

Auszubildende, die Bild A auf Platz 1 gesetzt haben, haben eine deutlich geringere Ausprägung des Persönlichkeitsmerkmals Neurotizismus als die Probanden der Normierungsstichproben. Im selben Persönlichkeitsmerkmal weisen die Auszubildenden, die das Bild C präferieren, signifikant höhere Werte aus als die der Normierungsstichprobe und demzufolge noch deutlich höhere im Vergleich zur Gruppe des Bildes A. Auffallend ist zusätzlich die geringe Standardabweichung bei den Bildgruppen im Vergleich zur Normierung.

Im Bereich der Extraversion zeigen die Probanden in der Gruppe Bild A eine deutlich höhere Ausprägung als die Normierungsstichproben. Bei den Probanden, die sich für Bild C ausgesprochen haben, zeigt sich hingegen nur eine geringe Erhöhung der Extraversionswerte zur Normierungsstichprobe.

Bei dem Persönlichkeitsmerkmal Offenheit für Erfahrungen liegen die Probanden des Bildes A im Bereich der Normierung, wo hingegen die Probanden des Bildes C leicht niedrigere Werte ausweisen. Sie liegen jedoch in der Verträglichkeitsskala auf dem Niveau der Normierung, während die Probanden des Bildes A hier geringere Verträglichkeitswerte aufweisen.

Deutlich höhere Gewissenhaftigkeitswerte weisen die Auszubildenden auf, die sich für Bild A ausgesprochen haben. Die Werte liegen deutlich über denen der Normierung und der Bildgruppe C, welche wiederum auf Normierungsniveau liegen.

Insgesamt ist auffällig, dass die Ergebnisse der Auszubildenden, die sich für Bild C ausgesprochen haben, eine höhere Standardabweichung als die Normierung aufweisen. Einzige Ausnahme bildet hier das Persönlichkeitsmerkmal Neurotizismus, welches aber deutlich höhere Werte aufweist als die Normierungsstichproben.

Diese Unterschiede werden auch in der Visualisierung in Abbildung 13 deutlich.

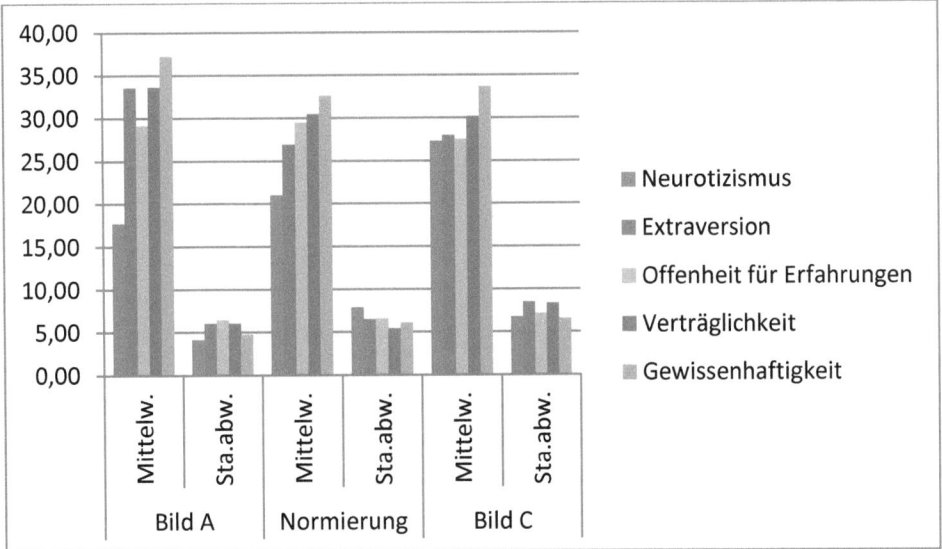

Abbildung 9: Vergleich der unterschiedlichen Ausprägungen der Persönlichkeitsmerkmale (eigene Darstellung)

Diese Gesamtergebnisse sind von daher sehr auffallend, weil die Bilder A und C – wie unter Punkt 5.2 bereits dargestellt – den Großteil der Probanden auf sich vereinen.

Betrachtet man die Ergebnisse der Persönlichkeitsmerkmale der beiden Bilder B und D, so fällt auf, dass sie auch von den Ergebnissen der Normierungsstichproben abweichen, aber nicht mit so großen Unterschieden wie die Persönlichkeitsmerkmale der Bilder A und C.

	Bild B		Bild D		Normierung	
	M	s	M	s	M	s
Neurotizismus	19,00	7,22	24,17	3,43	20,99	7,89
Extraversion	32,50	5,74	34,50	7,77	26,88	6,47
Offenheit für Erfahrungen	25,75	6,30	30,50	8,67	29,47	6,53
Verträglichkeit	31,92	8,03	28,50	4,59	30,45	5,38
Gewissenhaftigkeit	35,42	4,66	30,83	7,17	32,61	6,11

Tabelle 6: Vergleich der Ergebnisse der Probandengruppen von Bild B und D mit den Ergebnissen der Normierungsstichproben

Die Probanden, die Bild B auf Platz 1 gesetzt haben, zeigen stärkere Ausprägungen in den Bereichen Verträglichkeit und Gewissenhaftigkeit als die Probanden den Bildes D. Dafür haben sie geringere Ausprägungen in den Bereichen Neurotizismus, Extraversion und Offenheit für Erfahrungen.

5.4.3 Geschlechtsspezifische und altersabhängige Verteilung

Da in der Zusammenfassung der 13 Normierungsstudien Unterschiede zwischen den Geschlechtern und den einzelnen Altersgruppen berichtet werden, wird an dieser Stelle ein Vergleich in der geschlechtsspezifischen und altersabhängigen Verteilung vorgenommen.

In der Gruppe der männlichen Auszubildenden zeigt sich, dass die Persönlichkeitsmerkmale Neurotizismus, Extraversion, Verträglichkeit und Gewissenhaftigkeit höhere Werte erzielen als die Normierungsstichproben für die entsprechenden Altersstufen aufweisen. Die Werte für Offenheit für Erfahrungen liegen unter denen der Normierung (Borkenau et al., 2008; S.31).

	Männer		Normierung	
	M	s	M	s
Neurotizismus	21,82	7,84	19,86	8,10
Extraversion	30,00	7,78	28,63	6,89
Offenheit für Erfahrungen	28,21	8,19	32,63	6,72
Verträglichkeit	30,07	6,85	28,65	6,08
Gewissenhaftigkeit	34,07	5,62	29,72	7,55

Tabelle 7: Vergleich der männlichen Auszubildenden mit der alters- und geschlechtsäquivalenten Normierung

In der Gruppe der männlichen examinierten Pflegekräfte wurde als Vergleich die Gruppe des entsprechenden Durchschnittsalters angesetzt. Dies betrug 32,25 Jahre und wurde somit mit den Normierungen der Altersgruppe „Männer 30-49" verglichen (Borkenau et al., 2008; S.31).

	Männer		Normierung	
	M	**s**	**M**	**s**
Neurotizismus	20,88	8,96	18,80	7,82
Extraversion	27,75	6,05	26,82	6,66
Offenheit für Erfahrungen	27,38	6,32	30,68	6,56
Verträglichkeit	29,96	4,19	29,02	5,81
Gewissenhaftigkeit	31,58	6,97	31,41	6,86

Tabelle 8: Vergleich der männlichen examinierten Pflegekräfte mit den geschlechts- und altersäquivalenten Normierungsergebnissen

Das Ergebnis zeigt eine leicht erhöhte Neurotizismus- und Extraversionsskala bei fast gleichen Verträglichkeits- und Gewissenhaftigkeitswerten. Die Werte für Offenheit für Erfahrungen sind in der Stichprobe etwas niedriger als bei den Normierungsergebnissen.

In der Gruppe der weiblichen examinierten Pflegekräfte zeigt sich ein etwas anderes Bild. Die Werte im Bereich Neurotizismus liegen im Verglich mit der alters- und geschlechtsspezifischen Normierungsgruppe etwas niedriger. Deutlich niedriger liegen die Werte in der Skala Offenheit für Erfahrungen. Höhere Werte wurden für die Bereiche Extraversion und Gewissenhaftigkeit ermittelt, während die Ergebnisse für das Persönlichkeitsmerkmal Verträglichkeit auf Normierungsniveau liegen.

	Frauen		Normierung	
	M	**s**	**M**	**s**
Neurotizismus	20,86	7,22	22,04	8,28
Extraversion	30,27	6,21	27,87	6,41
Offenheit für Erfahrungen	25,86	5,12	31,34	6,15
Verträglichkeit	31,49	6,25	31,09	5,19
Gewissenhaftigkeit	35,11	6,62	32,43	6,54

Tabelle 9: Vergleich der Werte der weiblichen examinierten Pflegekräfte mit den alters- und geschlechtsäquivalenten Werten der Normierungsstichproben

In der Gruppe der weiblichen Auszubildenden zeichnet sich nach der Testauswertung ein ähnliches Bild. Sie besitzen eine geringere Ausprägung im Bereich des Persönlichkeitsmerkmals Neurotizismus bei deutlich niedrigeren Werten bei Offenheit für Erfahrungen. Extraversion und Verträglichkeit sind leicht erhöht, die Persönlichkeitsskala Gewissenhaftigkeit deutlich ausgeprägt.

	Frauen		Normierung	
	M	s	M	s
Neurotizismus	22,17	6,99	23,42	8,37
Extraversion	31,71	7,51	29,48	6,70
Offenheit für Erfahrungen	28,11	6,33	33,62	6,20
Verträglichkeit	32,36	7,46	30,66	5,67
Gewissenhaftigkeit	35,61	6,03	30,52	7,34

Tabelle 10: Vergleich der Werte der weiblichen Auszubildenden mit den alters- und geschlechtsäquivalenten Ergebnissen der Normierungsstichprobe

6 Diskussion

Aus der durchgeführten Studie ergeben sich sehr divergente Bilder. Auf der einen Seite stehen die examinierten Pflegekräfte mit kaum auffälligen Persönlichkeitsmerkmalen und einer relativ breiten Verteilung auf die Bilder. Auf der anderen Seite steht die Gruppe der Auszubildenden mit starken Ausprägungen einzelner Persönlichkeitsmerkmale und einer klaren Fokussierung auf zwei Bilder der Pflege. Der Zusammenhang und der Unterschied müssen daher im Rahmen dieser Diskussion betrachtet und kritisch hinterfragt werden.

6.1 Bilder der Pflege

Das sich unterschiedliche Menschen von unterschiedlichen Bildern angesprochen fühlen, ist bereits in Kapitel 2 dieser Arbeit dargestellt worden. Dennoch verwundern die

Ergebnisse dahingehend, dass es in der Gruppe der Auszubildenden auf der einen Seite klare Präferenzen für einzelne Bilder gibt und diese mit klaren Persönlichkeitsausprägungen korrelieren, auf der anderen Seite aber die Gruppe der examinierten Pflegekräfte zwar auch zwei Bilder der Pflege favorisiert, aber in ihren Ausprägungen der Persönlichkeitsmerkmale ein deutlich homogeneres Bild präsentiert.

Die Ergebnisse weisen nach, dass die im Vorfeld selektierten Bilder in ihrer Häufigkeitsverteilung auch den Bildern der Menschen entsprechen, die in der Pflege arbeiten. Auch wenn einzelne Kritiken zu der gestellten Situation angeführt werden, können den Bildern Eigenschaften einer Pflegesituation zugeschrieben werden.

Vermutet wird, dass in der Gruppe der Auszubildenden eine Fokussierung auf zwei Bilder stattfindet, da sie am Beginn ihrer Ausbildung stehen und sich – teilweise bewusst und teilweise unbewusst- für diesen Beruf aufgrund seiner Darstellung in der Gesellschaft entschieden haben. Unterstützt wird diese Vermutung durch das Arbeitsmarktmonitoring des Landkreises Osnabrück. Diese Erhebungen entsprechen dem gleichen regionalen Rahmen wie die Stichprobe der Auszubildenden. Es wurde hinterfragt, über welche Medien sich (zukünftige) Auszubildende über Berufe informieren. Hierbei wurden sowohl für die Ernährungswirtschaft, die Logistikwirtschaft und die Technischen Branchen festgestellt, dass sich weit über 80 % aller Auszubildenden berufliche Informationen über das Internet einholen (vgl. Landkreis Osnabrück, 2013a, 2012, 2013b). Auch wenn die Ergebnisse der Gesundheitswirtschaft erst im März 2014 veröffentlicht werden, ist von einem ähnlich hohen Anteil auch in dieser Branche auszugehen. Wenn sich alle Auszubildende durch bestimmte Bilder angesprochen fühlen, sie sich ihre Informationen über das Internet einholen und schlussendlich für einen Beruf entscheiden, verwundert es nicht, dass die in den Medien präsenten Bilder dann auch die Bilder der Auszubildenden sind.

In der Gruppe der examinierten Pflegekräfte wurde eine breitere Verteilung auf die vier in dieser Studie verwendeten Bilder nachgewiesen. Diese Verteilung mag auf der einen Seite der breiteren Verteilung dieser Gruppe auf einzelne Einsatzgebiete geschuldet sein, wo hingegen die Auszubildenden eher aus dem Setting der peripheren Station kommen. Auf der anderen Seite entwickeln examinierte Pflegekräfte durch ihre tägliche Arbeit ihre

Kompetenzen auf Basis des hermeneutischen Fallverständnisses weiter (Moers, 2000). Diese Kompetenzerweiterung scheint auch für einen veränderten Blick auf das Berufsfeld Pflege verantwortlich zu sein und demzufolge für ein etwas breiteres Bilderranking. Setzt man dieser Kompetenzerweiterung die von Benner beschriebenen Anforderungen an professionelle Pflege entgegen, so lässt sich erkennen, dass sowohl die Forderung, die Perspektive des Patienten einzunehmen, als auch die Auffassung, dass Menschenwürde zwischenmenschliches Geschehen ist (Benner, 2012), sich in den Bildern und den Aussagen der Probanden widerspiegelt. Ebenfalls finden sich in den Bildern viele Zuschreibungen der Gesellschaft. So wird Pflege im gesellschaftlichen Bild durch Freundlichkeit und Menschlichkeit charakterisiert (Hinding et al., 2012) – Eigenschaften, die sich vor allem in Bild C erkennen lassen. Unterstützt wird dies von einer bundesweiten Studie, die vor allem in den Bereichen Freundlichkeit und Selbstbewusstsein gute Noten für die Pflege ermittelt hat. (Klatt et al., 2011). Patienten fordern von den Pflegenden vor allem professionelles Verhalten und Verständnis für die eigene Situation (vgl. Reuschenbach et al., 2005; Elsbernd, 2001; Sieger et al., 2010). Professionelles Verständnis lässt sich aus den Bildern eher schwer erkennen und spiegelt sich auch so nicht in den Aussagen der Probandengruppen wider. Abschließend kann man festhalten, dass Pflegekräfte sich in den Bildern wiederfinden und ihren Beruf erkennen. Für Auszubildende ist die Wahrnehmung und der Wiedererkennungswert wahrscheinlich aufgrund der noch sehr geringen praktischen Erfahrung im Setting Pflege eher noch übereinstimmend mit den Bildern der Öffentlichkeitsarbeit pflegerischer Institutionen.

Kritisch betrachtet werden muss, inwieweit die Außendarstellung der Pflege das pflegerische Paradigma „Patient" tangiert. Wie bei den gesetzten Markern beschrieben wird der Patient auf Bild A deutlich im Hintergrund dargestellt und fehlt auf Bild D vollkommen. Dennoch erkennen die Probanden auf diesen Bildern eine Patientenzentrierung. Da Humanismus und Fürsorge seit jeher die philosophische Grundlage der Pflege bilden, wird mit dem Begriff „Pflege" oftmals auch der Begriff „Patient" assoziiert (Fagermaoen, 1999). Dies scheint eine eher tradierte Vorstellung zu sein, da der Pflegeprozess eher technischen und wissenschaftlichen Merkmalen obliegt und nicht - wie die Pflege im Verständnis als Fürsorge - als Kunst und Intuition aufgefasst wird (Kirkevold, 2002). Es bedarf daher anscheinend zwar keiner paradigmatischen Grundsatzdiskussion, nur reduziert sich die Pflege in vielen Bildern auf einzelne Aspekte. Somit kann nach dieser Annahme nicht ein einzelnes Bild die Pflege in ihrer Gesamtheit repräsentieren, sondern es bedarf wohl eher einer breiteren Bildersprache, um Pflege zu visualisieren.

6.2   NEO-FFI

Die Ergebnisse des NEO-FFI beider Gruppen im Vergleich werfen die Frage auf, inwieweit sich Persönlichkeitsmerkmale im Laufe des Lebens verändern. Dabei wird deutlich, dass die Persönlichkeitsmerkmale des NEO-FFI im Kinder- und Jugendalter stark schwanken. Ab dem 30. Lebensjahr sind sie hingegen weitestgehend robust und verändern sich erst im Alter wieder (Specht et al., 2011). Somit scheint es eventuell eine Annäherung der Ergebnisse der Auszubildenden an die der Gruppe der examinierten Pflegekräfte zu geben, jedoch verändern sich Persönlichkeitsmerkmale nicht in diesen Dimensionen. Daher sollen an dieser Stelle zuerst die Ergebnisse der einzelnen Bilder und dann eine Zuschreibung zu den Persönlichkeitseigenschaften erfolgen.

6.2.1   Ergebnisse des Bildes A

Die Ergebnisse der beiden Probandengruppen lassen, wie unter Kapitel 5 bereits dargestellt, eine klare Tendenz in der Ausprägung der Persönlichkeitsmerkmale erkennen. Sowohl Auszubildende als auch examinierte Pflegekräfte, die dieses Bild auf Platz 1 ihrer Rangliste gesetzt haben, zeigen geringere Ausprägungen des Merkmals Neurotizismus als die jeweiligen Normierungsstudien und die Gruppen der anderen Bilder.

	Auszubildende		Examinierte Pflegekräfte	
	M	s	M	s

Neurotizismus	19,03	6,90	17,69	4,13
Extraversion	29,21	5,92	33,52	6,02
Offenheit für Erfahrungen	25,74	5,43	29,12	6,42
Verträglichkeit	31,26	6,25	33,62	6,02
Gewissenhaftigkeit	33,79	6,35	37,21	4,77

Tabelle 11: Ergebnisse der Auszubildenden und examinierten Pflegekräfte in der Zuschreibung zu Bild A

Beide Gruppen – Auszubildende und Pflegekräfte – weisen im Vergleich zur Normierung höhere Werte im Bereich Extraversion aus. Die Gruppe der examinierten Pflegekräfte weist hingegen geringere Werte in den Bereichen Offenheit für Erfahrungen und leicht erhöhte Ausprägungen bei Verträglichkeit und Gewissenhaftigkeit auf. Im Gegensatz dazu zeigt die Gruppe der Auszubildenden deutliche Erhöhungen der Werte „Verträglichkeit" und „Gewissenhaftigkeit" bei annähernd gleichen Werten in der Dimension „Offenheit für Erfahrungen" im Verhältnis zur Normierungsstichprobe. Damit können aus der reinen Tendenzierung der Werte 4 Dimensionen in einer Ausprägungsrichtung beschrieben werden. Sowohl die Gruppe der examinierten Pflegekräfte als auch die Gruppe der Auszubildenden zur Gesundheits- und Krankenpflege zeigen, wenn sie sich von Bild A angesprochen fühlen, eine geringere Ausprägung im Bereich Neurotizismus, eine höhere Ausprägung im Bereich der Extraversion, unauffällige Werte bei der Dimension „Offenheit für Erfahrungen" und Erhöhungen in den Verträglichkeits- und Gewissenhaftigkeitswerten.

	Ausprägungen	
	Auszubildende	Examinierte Pflegekräfte
Neurotizismus	-	-
Extraversion	+	+
Offenheit für Erfahrungen	O	-
Verträglichkeit	+	+
Gewissenhaftigkeit	+	+

Tabelle 12: Optische Darstellung von Tendenzen im NEO-FFI bei Bild A

Somit müsste Bild A folgende Charakterisierung anhand der Interpretationsbeschreibung im deutschen Manual des NEO-FFI (Borkenau et al., 2008. S. 40-41) ermöglichen: Pflegekräfte, die sich von Bild A angesprochen fühlen, neigen dazu ruhig, ausgeglichen und sorgenfrei zu reagieren. Sie reagieren in Stresssituationen eher ruhig und sind nicht schnell aus der Fassung zu bringen. Sie sind gesellig, selbstsicher, aktiv, energisch, gesprächig, heiter und optimistisch. Sie fühlen sich in Gruppen und unter Menschen wohl. Diese Personen begegnen anderen Menschen mit Verständnis, Wohlwollen und Mitgefühl. Sie sind bemüht anderen Menschen zu helfen und sind überzeugt, dass sich andere Menschen ebenso verhalten. Sie sind zielstrebig, ehrgeizig, fleißig, ausdauernd, systematisch, willensstark, diszipliniert, zuverlässig, pünktlich, ordentlich, genau und penibel.

Natürlich lassen sich keine grundsätzlichen Aussagen zu einzelnen Personen daraus ableiten, jedoch ist diese Tendenz insbesondere aufgrund der geringen Standardabweichung ablesbar.

6.2.2 Ergebnisse des Bildes B

Die Ergebnisse zu dem Bild B sind aus beiden Probandengruppen sehr divergent. Im Vergleich zur jeweiligen Normierung weisen die Auszubildenden geringere Werte im Bereich Neurotizismus aus, während die examinierten Pflegekräfte auf Normierungsniveau liegen. Beide Gruppen präsentieren höhere Werte in der Dimension Extraversion und geringere Werte bei Offenheit für Erfahrungen.

	Auszubildende		Examinierte Pflegekräfte	
	M	s	M	s
Neurotizismus	19,00	7,22	22,79	9,05
Extraversion	32,50	5,74	29,37	7,45
Offenheit für Erfahrungen	25,75	6,30	27,89	6,26

Verträglichkeit	31,92	8,03	31,79	5,35
Gewissenhaftigkeit	35,42	4,66	32,16	7,49

Tabelle 13: Darstellung der Ausprägungen bei Bild B

Somit lassen sich diesem Bild in Anlehnung an die Interpretationsbeschreibung im Manual des NEO-FFI nur die Dimensionen Extraversion und Offenheit für Erfahrungen zuschreiben. Dies kann aber an der geringen Anzahl der Probanden liegen, die sich von diesem Bild angesprochen fühlten.

	Ausprägungen	
	Auszubildende	**Examinierte Pflegekräfte**
Neurotizismus	-	O
Extraversion	+	+
Offenheit für Erfahrungen	-	-
Verträglichkeit	+	0
Gewissenhaftigkeit	+	0

Tabelle 14: Tendenzen der einzelnen Dimension der Persönlichkeit bei Bild B

Personen, die sich von Bild B angesprochen fühlen, müssten demnach eher gesellig, selbstsicher, aktiv, energisch, gesprächig, heiter und optimistisch sein. Sie fühlen sich in Gruppen und unter Menschen wohl. Sie neigen zu konventionellem Verhalten und konservativen Einstellungen. Sie ziehen Bekanntes dem Neuen vor und nehmen ihre emotionalen Reaktionen eher gedämpft war.

6.2.3   Ergebnisse des Bildes C

Bei den Ergebnissen des Neo-FFI zu dem Bild C lassen sich im Gegensatz zu Bild B und in Analogie zu Bild A wieder deutlichere Tendenzen erkennen. Beide Gruppen weisen bei allen fünf Persönlichkeitsdimensionen gleiche Tendenzen auf. Die Dimensionen Neurotizismus, Extraversion und Gewissenhaftigkeit sind im Vergleich zu den

Normierungsstudien stärker ausgeprägt. Offenheit für Erfahrungen hingegen ist geringer präsent, während die Verträglichkeitswerte auf dem Normierungsniveau liegen.

	Auszubildende		examinierte Pflegekräfte	
	M	s	M	s
Neurotizismus	27,28	6,73	21,00	6,27
Extraversion	27,95	8,48	30,58	5,51
Offenheit für Erfahrungen	27,48	7,15	25,70	5,07
Verträglichkeit	30,15	8,33	29,67	6,14
Gewissenhaftigkeit	33,63	6,55	35,61	6,67

Tabelle 15: Die Ergebnisse der beiden Probandengruppen in der Zuordnung zu Bild C

	Ausprägungen	
	Auszubildende	Examinierte Pflegekräfte
Neurotizismus	+	+
Extraversion	+	+
Offenheit für Erfahrungen	-	-
Verträglichkeit	0	0
Gewissenhaftigkeit	+	+

Tabelle 16: Tendenzen in den Persönlichkeitsdimensionen beider Gruppen des Bildes C

Es lassen sich folgende Persönlichkeitseigenschaften für Personen ableiten, die sich von diesem Bild angesprochen fühlen:

Sie sind leichter aus dem seelischen Gleichgewicht zu bringen und erleben häufiger negative Gefühlszustände, von denen sie teilweise geradezu überwältigt werden. Sie berichten über viele Sorgen und geben an erschüttert, betroffen, beschämt, unsicher, verlegen, nervös, ängstlich und traurig zu reagieren. Sie sind gesellig, aktiv, energisch, gesprächig, heiter und optimistisch. Sie fühlen sich in Gruppen und unter Menschen wohl. Diese Personen neigen zu konventionellem Verhalten und konservativen Einstellungen. Sie ziehen Bekanntes dem Neuen vor und nehmen ihre emotionalen Reaktionen eher gedämpft war. Sie sind zielstrebig, ehrgeizig, fleißig, ausdauernd, systematisch, willensstark, diszipliniert, zuverlässig, pünktlich, ordentlich, genau und penibel.

6.2.4   Ergebnisse des Bildes D

Bei den Ergebnissen des Bildes D lassen sich – wie schon bei Bild B – nur Tendenzen bei zwei Persönlichkeitsmerkmalen im Vergleich zu der entsprechenden Normierung erkennen. Hierfür mag wieder die Gruppengröße ein Indiz sein, da sich von Bild D mit 8,87 % (N= 18) die wenigsten Probanden angesprochen fühlten. Daher verwundert z.B. auch die relativ hohe Standardabweichung in der Dimension Neurotizismus bei den examinierten Pflegekräften nicht.

	Auszubildende		examinierte Pflegekräfte	
	M	s	M	s
Neurotizismus	24,17	3,43	22,25	10,23
Extraversion	34,50	7,77	29,25	7,55
Offenheit für Erfahrungen	30,50	8,67	26,50	5,11
Verträglichkeit	28,50	4,59	33,75	3,36
Gewissenhaftigkeit	30,83	7,17	35,67	7,56

Tabelle 17: Ergebnisse der beiden Gruppen in der Zuordnung zu Bild D

Die Persönlichkeitsmerkmale Neurotizismus und Extraversion sind bei beiden Probandengruppen stärker ausgeprägt. Divergente Ergebnisse gibt es bei den Werten für Offenheit für Erfahrungen, Verträglichkeit und Gewissenhaftigkeit. Diese Divergenzen sind in einer so starken Abweichung bei keinem anderen Bild dieser Arbeit zu beobachten.

	Ausprägungen	
	Auszubildende	Examinierte Pflegekräfte
Neurotizismus	+	+
Extraversion	+	+
Offenheit für Erfahrungen	+	-
Verträglichkeit	-	+

Gewissenhaftigkeit	-	+

Tabelle 18: Tendenzen in den Persönlichkeitsmerkmalen

Nach den Interpretationsanweisungen im deutschen Manual des NEO-FFI kann man Personen, die sich von Bild D angesprochen fühlten, folgende Eigenschaften zuschreiben: Sie sind leichter aus dem seelischen Gleichgewicht zu bringen und erleben häufiger negative Gefühlszustände, von denen sie teilweise geradezu überwältigt werden. Sie berichten über viele Sorgen und geben an erschüttert, betroffen, beschämt, unsicher, verlegen, nervös, ängstlich und traurig zu reagieren. Sie sind gesellig, aktiv, energisch, gesprächig, heiter und optimistisch.

6.3 Persönlichkeitseigenschaften in der nationalen und internationalen Pflege

Im Rahmen der nationalen Pflege sind Studien über Persönlichkeitseigenschaften rar gesät. Lediglich die Arbeit von Laupenmühlen-Schemm et al. kann hier angeführt werden (Laupenmühlen-Schemm et al., 2010). Auch wenn diese Studie nicht mit dem NEO-FFI, sondern mit der ausführlicheren Version NEO-PI-R durchgeführt wurde, lassen sich so auch hier Tendenzen in den einzelnen Persönlichkeitsmerkmalen erkennen. Auffallend ist bei den Ergebnissen eine hohe Ausprägung in der Dimension Neurotizismus. Diese hohe Ausprägung spiegelt sich auch in dieser Bachelorarbeit bei den Bildern C und D wieder und deckt sich mit der Gesamtstichprobe der Auszubildenden. Da auch die Arbeit von Laupenmüheln-Schemm et al. die Persönlichkeitseigenschaften von Auszubildenden in der Gesundheits- und Krankenpflege hinterfragt hat, scheint sich hier eine generelle Tendenz für Auszubildende in der deutschen Pflege ableiten zu lassen, insbesondere wenn sie sich von Bild C angesprochen fühlen. Auffallend ist weiterhin, dass die niedrigen Ausprägungen der Dimension Gewissenhaftigkeit in der Studie von Laupenmühlen-Schemm et al. sich in dieser Arbeit nicht bestätigen lassen.

Im internationalen Vergleich sehen die Ergebnisse vollkommen anders aus. In zahlreichen Studien wird von geringen Werten im Bereich Neurotizismus berichtet (vgl. expl. Baldacchino et al., 2012; Bradham et al., 1990; Deary et al., 2003; Galea, 2010;

Goméz et al., 2012). Diese Werte lassen sich in dieser Studie für die Bilder A und B zwar aufzeigen, aber in der Gesamtheit der Stichprobe nicht darstellen. Des Weiteren berichten die oben aufgeführten Studien von hohen Extraversionswerten (ebd.). Diese lassen sich durchgängig bei allen vier Bildern erkennen. Durchschnittliche Werte in der Dimension Offenheit für Erfahrungen werden sowohl in der deutschen Studie als auch in der internationalen Literatur berichtet und lassen sich zumindest für die Gruppe der Auszubildenden auch in dieser Arbeit wiederfinden. Hingegen spiegeln sich hohe Werte in den Dimensionen Verträglichkeit und Gewissenhaftigkeit aus den internationalen Studien vor allem bei den Probanden wieder, die sich von Bild A angesprochen fühlten (ebd.).

Legt man die Ergebnisse der internationalen Studien in gleicher Weise aus, wie es bei den Bildzuordnungen in dieser Arbeit geschehen ist, so würde die „internationale Pflegekraft" wie folgt zu charakterisieren sein:

Sie neigt dazu ruhig, ausgeglichen und sorgenfrei zu reagieren. Sie reagiert in Stresssituationen eher ruhig und ist nicht schnell aus der Fassung zu bringen. Sie ist gesellig, selbstsicher, aktiv, energisch, gesprächig, heiter und optimistisch. Sie fühlt sich in Gruppen und unter Menschen wohl. Diese Pflegekraft begegnet anderen Menschen mit Verständnis, Wohlwollen und Mitgefühl. Sie ist bemüht anderen Menschen zu helfen und ist überzeugt, dass sich andere Menschen ebenso verhalten. Sie ist zielstrebig, ehrgeizig, fleißig, ausdauernd, systematisch, willensstark, diszipliniert, zuverlässig, pünktlich, ordentlich, genau und penibel.

Genau diese Zuschreibungen entsprechen exakt den Probanden, die sich von Bild A angesprochen fühlten. Da die internationale Literatur fast ausschließlich über diese Verteilungen in den Ausprägungen der Persönlichkeitsmerkmale berichtet, stellt sich zwangsläufig die Frage, ob deutsche Pflegekräfte andere Persönlichkeitseigenschaften benötigen wie Pflegekräfte in anderen Ländern. Zumindest die Gruppe der Probanden, die sich Bild A zugeordnet haben, können diese Theorie widerlegen, jedoch bleibt diese Frage bei der Gesamtbetrachtung offen. Eine Zuschreibung von Persönlichkeitsmerkmalen, die eine Pflegekraft benötigt, bleibt in dieser Form in der Literatur aus. Auffallend ist jedoch, dass die Pflegekräfte ihren Beruf in der

Selbsteinschätzung eher kritisch sehen und das Image als schlecht einstufen. Im Gegensatz dazu hat der Pflegeberuf gerade in den letzten Jahren an breiter Anerkennung in der Gesellschaft gewonnen und je nach Studie sogar den sonst als hierarchisch überstellt angesehenen Beruf des Arztes überholt (Hasselhorn et al., 2008). Diese schlechte Selbsteinschätzung der Pflege in Deutschland mag in den hohen Neurotizismuswerten begründet liegen. Sollte dies jedoch wirklich der Fall sein, so müsste man über grundlegende Veränderungen in der Personalauswahl nachdenken. Menschen, die das Image ihres Berufes als negativ empfinden, werden es schwer haben, andere Menschen von ihrem Beruf zu begeistern und junge Menschen für die Pflege zu gewinnen. Es müsste ein neues Marketing designt werden, welches ein gänzlich neues Bild der Pflege zeichnet (Maßmann, 2004), um langfristig den Pflegeberuf attraktiver für junge Menschen zu gestalten. Ansätze können auch in Projekten an Krankenpflegeschulen gewonnen werden (Lücke, 2011). Legt man einige der wenigen Zuschreibungen zu Eigenschaften zugrunde, die eine Pflegekraft benötigt, so müsste sie über gute moralische Eigenschaften, einen selbstlosen Charakter, gutes Auftreten, Verbindlichkeit und Offenheit besitzen (Davis et al., 1990). Pflege und ihre Fachkräfte müssten somit sowohl lebendiges Wissen als auch stolze Persönlichkeiten sein (Sorensen et al., 2011). Diese Eigenschaften könnten sich dann im NEO-FFI mit hohen Werten in den Dimensionen Extraversion, Verträglichkeit und Gewissenhaftigkeit sowie niedrigen Werten in der Dimension Neurotizismus widerspiegeln. Auch wenn diese Zuschreibung rein hypothetisch ist, entspricht sie grundsätzlich der Tendenz der internationalen Literatur und der Probandengruppe der Auszubildenden, die sich für Bild A entschieden haben.

Ein Grund für die sehr divergenten Ergebnisse dieser Arbeit könnte die sich verändernde Pflegewelt in Deutschland sein, die sich in einer Zeit des Wandels von einem Hilfsberuf zur evidenzbasierten Heilkunde befindet (Friesacher, 2009). Dieser Wandel scheint sich vor allem auch in den Ausbildungsgängen niederzuschlagen, weil hier die auffälligsten Ergebnisse im Rahmen dieser Arbeit erzielt wurden.

Zusammenfassend kann man feststellen, dass die deutschen Ergebnisse vor allem in der Dimension Neurotizismus deutlich von den internationalen Ergebnissen abweichen. In der Bildzuordnung entsprechen die Probanden, die sich im Rahmen dieser Arbeit für Bild A ausgesprochen haben, am deutlichsten den internationalen Studienergebnissen. Die Gruppe der Probanden, die sich von Bild C angesprochen fühlte, weicht hingegen am deutlichsten von der internationalen Studienlage ab. Die Bilder B und D der internationalen Studienlage zuzuordnen ist aufgrund der heterogenen Ergebnisse zwischen den Auszubildenden und den examinierten Pflegekräften und der kleinen Gruppengrößen schwierig bis unmöglich.

7   Abschließende Bewertung

Im Rahmen dieser Arbeit konnte nachgewiesen werden, dass die beiden Bilder, die auch in den Medien am häufigsten Verwendung finden, auch die Bilder sind, die sowohl für examinierte Pflegekräfte als auch für Auszubildende in der Gesundheits- und Krankenpflege die Pflege am besten repräsentieren. Es wurde weiterhin der Nachweis erbracht, dass unterschiedliche Bilder auch unterschiedliche Persönlichkeiten ansprechen. Im internationalen Vergleich entsprechen die Pflegekräfte am ehesten der internationalen Norm, welche sich von Bild A angesprochen fühlen. Die Pflegekräfte in der Bildgruppe C hingegen weichen deutlich von den Ergebnissen der internationalen Studien ab. Bei den so auffällig divergenten Ergebnissen zwischen zwei Bildern müssen sie die Diskussion im Umgang mit der Außendarstellung der Pflege in seinen Bildern neu anstoßen. Vor allem muss hier das Augenmerk auf das Medium Internet gelegt werden, weil dies von den jungen Menschen zur beruflichen Orientierung genutzt wird. Des Weiteren müssen weitere Studien zu den Persönlichkeitsmerkmalen von deutschen Pflegekräften erfolgen, um diese dann im internationalen Kontext diskutieren zu können. Die deutsche Pflege wird somit nicht nur von einer gänzlich anderen beruflichen Bildung geprägt, als es vor allem in den angloamerikanischen Ländern der Fall ist, sondern auch durch ganz andere und ganz unterschiedliche Menschen verkörpert.

Auch wenn sich eine Tendenz der Persönlichkeitsmerkmale bei Gruppengrößen von über 30 Personen deutlich erkennen lässt, können Bilder dennoch nicht gezielt für Personalauswahlsituationen eingesetzt werden. Hierfür ist die hier vorliegende

Stichprobe zu klein, um eine Normierung zu ermöglichen. Die aufgezeigten Ergebnisse zeigen aber deutlich, dass es gerade in der Kopplung zwischen Pflegewissenschaft und Persönlichkeitstestungen noch einigen Forschungsbedarf gibt.

Literaturverzeichnis

Allport G. Werden der Persönlichkeit, Gedanken zur Grundlegung einer Psychologie der Persönlichkeit. München: Kindler, 1974

Amelang M. Zentrale Begriffe: Persönlichkeit. In: Stemmler G, Hagemann D, Amelang M, Bartussek D (Hrsg.). Differentielle Psychologie und Persönlichkeitsforschung. 7., vollständig überarbeitete Auflage. Stuttgart: Verlag W. Kohlhammer, 2010, S.44-45

Angleitner A, Ostendorf F, John OP . Toward a taxonomy of personality descriptors in German: A psycho-lexical approach. European Journal of Personality. 1990, 4 (2). S. 89-118

Baldacchino DR, Galea P. Student nurses' peronality traits and the nursing profession: part 2. British Journal of Nursing. 2012; 21 (9). S. 530-535

Benner P. Stufen zur Pflegekompetenz. Form Novice to Expert. 2., vollständig überarbeitete und ergänzte Auflage. Bern: Verlag Hans Huber, 2012

Bomball J, Schwanke A, Schmidt S, Stöver M, Zimmermann M, Görres S. Beruf oder Berufung- der Weg in die Pflege. Berufs- und Wirtschaftspädagogik – online. 2010 (18). Im Internet: http://www.bwpat.de/ausgabe18/bomball_etal_bwpat18.pdf Letzter Zugriff: 19.10.2013

Borkenau P, Ostendorf F. NEO-FFI. NEO-Fünf-Faktoren-Inventar nach Costa und McCrae. 2., neu normierte und vollständig überarbeitete Auflage. Göttingen: Hogrefe Verlag GmbH & Co. KG, 2008.

Bradham CU, Dlame FC, Thompson PJ. Personality traits valued by practicing nurses and measured in nursing students. Journal of Nursing Education. 1990; 29 (5). S. 225-232

Cattell RB. The description of personality: Basic traits resolved into clusters. Journal of Abnormal and Social Psychology. 1943, 38 (4). S. 476-506

Costa PT, McCrae RR. Revised NEO Persoanlity Inventory (NEO-PI-R) and NEO Five Factors Inventory (NEO-FFI). Professional manual. Odessa, FL: Psychological Assesment Ressources, 1992. S.15

Davis AJ, Hershberger A, Ghan LC, Lin JY. The good nurse: descriptions from the People's Republic of China. Journal of Advanced Nursing. 1990; 15 (10). S. 829-834

Deary JJ, Watson R, Hogston R. A longitudinal cohort of burnout and attrition in nursing students. Journal of Advanced Nursing. 2003; 43 (1). S. 71-81

Elsbernd A. Bedeutsame Elemente in Pflegesituationen. Erlebnisorientierte Situationsforschung in der Pflege. Pflege. 2001; 14 (4). S. 252-258

Fagermoen MS. Humanismus und Fürsorge. In: Kollak I, Kim HS (Hrsg.). Pflegetheoretische Grundbegriffe. Bern: Verlag Hans Huber. 1999. S. 197-222

Fornés-Vives J, García-Banda G, Frías-Navarro D, Hermoso-Rodrígues E, Santos-Abaunza P. Stress and neuroticism in Spanish nursing students: A two-wave longitudinal study. Research in Nursing & Health. 2012, 35 (6). S. 589-597

Friesacher H. Pflege und Technik – eine kritische Analyse. Pflege & Gesellschaft. 2010; 15 (4). S. 293-313

Friesacher H. Professionalisierung der Pflege – vom Hilfsberuf zur evidenzbasierten Heilkunde?. Intensiv. 2009; 17 (4). S. 177-181

Galea P. Identifying personality features related to religious vocation: a comparsion between seminariens and their peers sing the NEO personality inventory (revised). Archives of Psychology and Religion. 2010; 32 (2). S. 169-177

Gómez CC, Puga MA, Mayán SJM, Gandoy CM. Personality factors on nursing staff of palliative care units. Gerokomos. 2012; 22 (3). S. 110-113

Hasselhorn HM, Zegelin-Abt A, Wittich A, Tackenberg P. NEXT-Studie. Image der Pflege in Deutschland. Die Schwester Der Pfleger. 2008; 47 (5). S. 458-461

Hinding B, Spanowsik M, Kastner M. Wertschätzung und Stolz in Dienstleistungsberufen: das Beispiel „Pflege". In: Reinhardt R. Wirtschaftspsychologie und Organisationserfolg: Tagungsband zur 16. Fachtagung der Gesellschaft für Angewandte Wirtschaftspsychologie. Lengerich: Pabst Verlag, 2012. S. 312-320

Hofer M, Leisch-Kiesl M. Evidenz und Täuschung: Stellenwert, Wirkung und Kritik von Bildern. Bielefeld: transcript, 2008

Horz H. Medien. In: Wilde E, Möller J, Hrsg. Pädagogische Psychologie. Heidelberg: Springer Ebook Collection, 2009, S. 104-128

Hülsken-Gießler M. Technikkompetenzen in der Pflege – Anforderungen im Kontext der Etablierung Neuer Technologien in der Gesundheitsversorgung. Pflege & Gesellschaft. 2010; 15 (4). S. 330-352

Kanning UP. Instrumente der Arbeits- und Organisationspsychologie. Das NEO-Fünf-Faktoren-Inventar von Costa und McCrae. Zeitschrift für Arbeits- und Organisationspsychologie. 2009; 53 (4). S. 194-198

Kanning UP. Struktur, Reliabilität und Validität des NEO-FFI in einer Personalauswahlsituation. Zeitschrift für Differentielle und Diagnostische Psychologie. 2001; 22 (4). S. 239-247

Kant I. Kritik der reinen Vernunft. Stuttgart: Philipp Reclam jun. GmbH & Co. KG, 1787 (neu aufgelegt 2011)

Kant I. Grundlegung zur Metaphysik der Sitten. Stuttgart: Philipp Reclam jun. GmbH & Co. KG, 1785 (neu aufgelegt 2011)

Kirekvold M. Merkmale der Pflegepraxis. In: Kirkevold M. Pflegewissenschaft als Praxisdisziplin. Bern: Verlag Hans Huber. 2002. S. 47-70

Klages L. Die Grundlagen der Charakterkunde. 14. Auflage. Bonn: Bouvier Verlag, 1969

Klatt R, Ciesinger K. Wertschätzung der Pflege in der Gesellschaft. Ergebnisse einer repräsentativen Bevölkerungsbefragung. Vortrag auf der Pflege-Fachkonferenz „Mitarbeiter gewinnen und binden – Wertschöpfung durch Wertschätzung". Im Internet: http://www.pflegewert.info/system/myfiles/Vortrag_Klatt%20Ciesinger_Pflegefachkonferenz-Pflegewert-Koeln.pdf Letzter Zugriff: 04.12.2013

Körner A, Geyer M, Brähler E. Das NEO-Fünf-Faktoren-Inventar (NEO-FFI). Validierung anhand einer deutschen Bevölkerungsstichprobe. Diagnostica. 2002; 48 (1). S. 19-27

Körner A, Drapeau M, Albani C, Geyer M, Schmutzer G, Brähler E. Deutsche Normierung des NEO-Fünf-Faktoren-Inventars (NEO-FFI). Zeitschrift für medizinische Psychologie. 2008; 17 (1). S. 133-144

Krahe B, Herrmann J. Verfälschungstendenzen im NEO-FFI: Eine experimentelle Überprüfung. Zeitschrift für Differentielle und Diagnostische Psychologie. 2003; 24 (2). S. 105-117

Landkreis Osnabrück. Regionales Arbeitsmarktmonitoring im Landkreis Osnabrück. Ernährungswirtschaft. 2013a. Im Internet: https://www.landkreis-osnabrueck.de/sites/default/files/downloads/ernaehrungswirtschaft_2013_gesamtbericht.pdf Letzter Zugriff: 04.12.2013

Landkreis Osnabrück. Regionales Arbeitsmarktmonitoring im Landkreis Osnabrück. Branche: Logistikwirtschaft. 2012. Im Internet: https://www.landkreis-osnabrueck.de/sites/default/files/downloads/langfassung_0.pdf Letzter Zugriff: 04.12.2013

Landkreis Osnabrück. Regionales Arbeitsmarktmonitoring im Landkreis Osnabrück. Technische Branchen. 2013b. Im Internet: https://www.landkreis-osnabrueck.de/sites/default/files/downloads/technische_branchen_2013_gesamtbericht.pdf Letzter Zugriff: 04.12.2013

Laupenmühlen-Schemm M, Körte H. Unterscheiden sich personale Kompetenzen von Anwärter/innen der Berufsgruppen Gesundheits- und Krankenpflege und der Physiotherapie?. Pflegewissenschaft. 2011; 13 (10). S. 535-540

Lexa N. Erleuchtet oder ausgebrannt?. pflegen: palliativ. 2012; 3 (13). S. 32-33

Lücke S. Ideen für die Pflege der Zukunft. Die Schwester Der Pfleger. 2011; 50 (11). S. 462-463

Lüdtke O, Trautwein U, Nagy G, Köller O. Eine Validierungsstudie zum NEO-FFI in einer Stichprobe junger Erwachsener. Effekte des Itemformats, faktorielle Validität und Zusammenhänge mit Schulleistungsfaktoren. Diagnostica. 2004; 50 (3). S. 134-144

Maßmann L. Marketing für die Pflege. Lösungsinstrument oder kommerzieller Verrat am Berufsethos?. Die Schwester Der Pfleger. 2004; 43 (4). S. 858-862

McCrae RR, Costa PT. Personality in Adulthood. New York: Guilford Press, 2005

Melo G, Maroco J, de Mendonça A. Influence of personality on caregiver's burden, depression and distress related to the BPSD. International Journal of Geriatric Psychiatry. 2011; 26 (12). S. 1275-1282

Moers M. Pflegewissenschaft: Nur Begleitwissenschaft oder auch Grundlage des Berufes?. Pflege & Gesellschaft. 2000; 5 (1). S. 21-25

Mount MK, Barrick MR, Stewart GL. Five-factor model of personality and performance in jobs involving interpersonal interactions. Human Performance. 1998; 11 (2-3). S. 145-165

Muck PM. Persönlichkeit und berufsbezogenes Sozialverhalten. In: Schuler H (Hrsg.). Lehrbuch der Personalpsychologie. 2. Überarbeitete und erweiterte Auflage. Göttingen: Hogrefe Verlag, 2005

Noftle EE, Robins RW. Personality predictors of academic outcomes: Big Five correlates of GPA and SAT scores. Journal of Personality and Social Psychology. 2007; 93 (1). S. 116-130

O'Doherty B, Ireland P. between categries. Farnham: Lund Humphries, 2009

Ostendorf F, Angleitner A. NEO-Persönlichkeitsinventar nach Costa und McCrae, Revidierte Fassung. Göttingen: Hogrefe Testzentrale, 2004.

Rammstedt B, Holzinger B, Rammsayer T. Zur Äquivalenz der Papier-Bleistift- und einer computergestützten Version des NEO-Fünf-Faktoren-Inventars (NEO-FFI). Diagnostica. 2004; 50 (2). S. 88-97

Reuschenbach B, Mohr T. Anforderungen an Pflegende in Dialyseeinrichtungen aus Sicht von Patientinnen und Patienten – Ergebnisse mittels Critical Incident Technique. Pflege. 2005; 18 (2). S. 86-94

Sieger M, Ertl-Schmuck R, Harking M. Gestaltung pflegerischer Intervention in der Rehabilitation – am Beispiel der Pflege querschnittsgelähmter Menschen im Krankenhaus. Pflege. 2010; 23 (4). S. 249-259

Sorensen EE, Hall EOC. Seeing the big picture in nursing: a source of human and professional pride. Journal of Advanced Nursing. 2011; 67 (10). S. 2284-2291

Specht J, Egloff B, Schmuckle SC. Stability and change of personality across the life course: The impact of age and major life events on mean-level and rank-order stability of the Big Five. Journal of Personality and Social Psychology. 2011; 101 (4). S. 862-882

Teising M. Die Pflegebeziehung - Psychodynamische Überlegungen. Pflege. 2004; 17 (5). S. 312-318

Anhang

Anlage I - Selektiere Internetadressen und Flyer für die Bildauswahl					
Selektierte Internetseiten					
Herausgeber	**Internetadresse**	**A**	**B**	**C**	**D**
Adpic Bildagentur	http://www.adpic.de/lizenzfreie_bilder/Mensche n/Weibliche%20Senioren/Altenpflege_275804.ht ml			X	
Akademie für Gesundheitsberufe Ulm	http://www.akademie.uniklinik-ulm.de/ausbildung/gesundheits_und_krankenpfle ge/gesundheits_und_krankenpflege_ausbildung.h tm	X	X		
AOK Niedersachsen	http://www.aok.de/niedersachsen/leistungen-service/pflegen-lernen-videos-pflegehandgriffe-198141.php			X	
Augustinum	http://www.augustinum.de/pflege/			X	
Auxilla ambulante Pflege	http://www.auxilia-pflege.de/			X	
AWO Neuburg	http://www.awo-neuburg.de/front_content.php?idcat=47			X	
azubister Ausbildungsportal	http://www.azubister.net/ausbildung/gesundheit -krankenpfleger			X	
baden online	http://www.bo.de/lokales/lahr/eine-pflegestation-ohne-schlaf	X	X		
Barmer GEK	http://www.barmer-gek.de/barmer/web/Portale/Presseportal/Subpor tal/Infothek/Studien-und-			X	

	Reports/Pflegereport/Pflegereport-2012/Content-Pflegereport-2012.html				
BBS Nienburg	http://www.bbs-nienburg.de/soziale-berufe/bfs_2_pflegehilfe.html			X	
Beatmungspflegeportal	http://www.beatmungspflegeportal.de/pflege/pflegethemen/sonderpflegebereich-ausserklinische-beatmung-im-asb-begegnungs-und-pflegezentrum-herne-holsterhausen.html	X			
Bergmannsheil Bochum	http://www.bergmannsheil.de/pflege/team.html				X
Bergmannsheil Buer	http://www.bergmannsheil-buer.de/Inhalt/Fachbereiche/Pflegedienst/ReferenzKrankenpflege.asp?highmain=11&highsub=3&highsubsub=0				X
Berufsfachschule für Krankenpflege München	http://www.krankenpflege-muenchen.de/berufsportraet-bfs-berufsfachschule-krankenpflege-muenchen.html			X	X
Berufskleidung	http://www.berufskleidung24.org/berufsbekleidung-pflege.html			X	
Bildungszentrum St. Hildegard	http://www.niels-stensen-kliniken.de/bildungszentrum-st-hildegard/ausbildung/altenpflege.html			X	
BR	http://www.br.de/radio/bayern2/sendungen/gesundheitsgespraech/gesundheitsgespraech-medizin-pflegekraefte100.html	X			
Bundesagentur für Arbeit	http://www.planet-beruf.de/Medizinische-Dokumen.15525.0.html				X
Bundesagentur für Arbeit	http://www.planet-beruf.de/fileadmin/assets/PDF/BKB/27354.pdf			X	
Bundesagentur für Arbeit	http://berufenet.arbeitsagentur.de/berufe/start?	X	X	X	X

	dest=profession&prof-id=27354_27355&status=B				
Bundesregierung	http://www.bundesregierung.de/Content/DE/Artikel/2012/03/2012-03-28-gesetz-zur-pflegereform.html			X	
Bürgerheim Rheinfelden	http://www.buergerheim-rheinfelden.de/02-vollstationaere-pflege.php			X	
Caritas Altenzentrum Eisenach	http://caritas-cte.de/elisabethenruhe-eisenach/angebot.php			X	
Caritas Altenzentrum Landstuhl	http://www.caritas-altenzentrum-landstuhl.de/84966.html			X	
Carl Rehder GmbH	http://www.carl-rehder.de/kostenlose-veranstaltung-zum-thema-pflege/			X	
Charite Universitätsmedizin	http://www.bmm-charite.de/presse/bildarchiv.html	X			
Christliches Krankenhaus Quakenbrück	http://www.ckq-gmbh.de/unternehmen/schulzentrum/schule-fuer-gesundheits-und-krankenpflege/berufsinformation-gesundheits-und-krankenpfleger.html			X	
Cura Bad Honnef	http://www.cura.org/katholisches-krankenhaus-im-siebengebirge/pflege.html	X			
Curendo	http://www.curendo.de/pflegeformen/teilstationaere-pflege/so-beantragen-sie-eine-teilstationaere-pflege.html			X	
Diakonie Pfalz	http://www.diakonie-pfalz.de/ich-suche-hilfe/pflegebeduerftige-menschen/pflege-zu-hause.html			X	
DRK Peine	http://drkpeine.de/angebote/gesundheit-und-soziales/kurse-pflege-in-der-familie.html			X	

Einbecker Bürgerspital	http://einbecker-buergerspital.de/operieren-leben-retten-staunen%E2%80%88tag-der-offenen-tuer-im-einbecker-buergerspital/	X		X	X
Evangelische Hochschule Berlin	http://www.eh-berlin.de/studienangebot/bachelor-of-nursing/uebersicht.html	X			
Evangelische Stiftung Hospiz	http://www.evangelische-stiftung-hospiz.de/		X		
Evangelisches Krankenhaus Bielefeld	http://evkb.de/fuer-patienten-und-besucher/pflege-therapie/pflege/pflege-im-evkb/pflege-im-evkb-startseite.html			X	
Fabricius Klinik Remscheid	http://www.fabriciusklinik.de/pflege/uebersicht/			X	X
FAZ	http://www.faz.net/asv/50-plus-recht-und-pflege/von-der-naechstenliebe-zur-profession-gute-qualifikation-noch-bessere-pflege-12316972.html				X
Fresenius Hochschule	http://www.hs-fresenius.de/studium/medical-school/gesundheit-studium/studiengaenge/gesundheit-management-bsc/hamburg/bachelor-berufsbegleitend/				X
Gerdas Pflegedienst	http://www.gerdas-pflegedienst.de/allgemeine-krankenpflege/einleitung/			X	
Gesundheitsakademie SMMP	http://www.fachseminar-geseke.de/			X	
Gesundheitsversorgung Züricher Oberland	http://www.gzo.ch/de/kliniken-und-fachbereiche/kliniken-zentren/intensivstation.html	X		X	
Gesundheitszentrum Bad Wimpfen	http://www.gesundheitszentrum-badwimpfen.de/medizin-und-pflege/				X

GIP	http://www.gip-intensivpflege.de/pflege/unsere-patientinnen-und-patienten/medizinische-intensivpflegeunsere-patientinnen-und-patientenerwachsene/	X			
Hamburger Senioren Domizile	http://www.hamburger-senioren-domizile.de/happ/ambulante-pflege-br-und-betreuung		X		
Haus Beatrix	http://www.haus-beatrix.de/de/pflege.html		X		
Health & Care Management	http://www.hcm-magazin.de/equal-pay-day-dbfk-fordert-entlastungen-im-frauenberuf-pflege/150/10739/206311/		X		
Hospiz am isarelitischen Krankenhaus	http://www.hospiz-am-ik.de/nc/service/presse/presse-info.html?tx_aspresse_pi1[item]=1&tx_aspresse_pi1[page]=1&tx_aspresse_pi1[vonJahr]=TT.MM.JJJJ&tx_aspresse_pi1[bisJahr]=TT.MM.JJJJ&tx_aspresse_pi1[backLink]=47&cHash=179c4f7a7f2eda59f95f2e50eee8db32	X			
Hospiz Rüdesheim	http://www.hospiz-ruedesheim.de/hospiz-zimmer.html	X			
HVS 24	http://www.bergmannsheil.de/pflege/team.html		X		
Immanuel Klinikum Bernau	http://bernau.immanuel.de/abteilungen/pflege-und-funktionsdienst/pflege-zeichnet-aus/gute-ausbildung/gesundheits-und-krankenpfleger-in.html				X
JaSo Pflegedienst	http://www.jaso24-pflege.de/		X		
JKA Essen	http://www.jka-essen.de/ausbsohe.htm		X		
Johanniter	http://www.johanniter.de/die-johanniter/johanniter-unfall-hilfe/juh-vor-		X		

	ort/landesverband-nord/regionalverband-harburg/nachrichten/nachrichtenarchiv/archiv-2012-teil-2/staerkung-der-ambulanten-pflege-und-betreuung/					
Katharinen Hospital Unna	http://www.katharinen-hospital.de/index.php?id=348			X		
Katholische Schule für Pflegeberufe Essen	http://www.kks-essen.de/index.php?id=85			X		
Klinik Bavaria	http://zscheckwitz.klinik-bavaria.de/pflege.php	X				
Kliniken des Landkreises Neustadt	http://www.kliniken-nea.de/medizin-pflege/klinik-neustadt-a-d-aisch/pflege/	X		X		
Kliniken Köln	http://www.kliniken-koeln.de/Karriere_Pflege_Intensivpflege.htm?ActiveID=1066	X				
Kliniken Köln	http://www.kliniken-koeln.de/AFW_Ausbildung_Gesundheits__und_Krankenpflege.htm			X		
Kliniken Südostbayern	http://www.kliniken-suedostbayern.de/de/main/anaesthesie_intensivmedizin__schmerztherapie.htm	X				
Kliniken Südostbayern	http://www.kliniken-suedostbayern.de/de/main/pflegedienst.htm			X		
Klinikum Bremen-Mitte	http://www.gesundheitnord.de/medizin-pflege/pflege.html					X
Klinikum Frankfurt	http://www.klinikumfrankfurt.de/kliniken-und-institute/klinik-fuer-anaesthesie-operative-intensivmedizin-notfallmedizin-schmerztherapie/interdisziplinaere-intensivstation/aktuelles/atmungstherapie.html	X				

Klinikum Fulda	http://www.klinikum-fulda.de/medizinische-zentren/prostatazentrum/nach-der-operation.html				X
Klinikum Vincentum Augsburg	http://www.klinik-vincentinum.de/med_abteilungen/intensivpflege.htm	X			
Klinikum Weimar	http://www.klinikum-weimar.de/web/de/content/content.php?areaID=5&menuID=9&active_menu=99&contentID=84	X			
Krankenhaus Damme	http://www.krankenhaus-damme.de/pflege				X
Krankenhaus der Augustinerinnen Köln	http://www.koeln-kh-augustinerinnen.de/466	X			X
Krankenhaus Dornbirn	http://krankenhaus.dornbirn.at/Interdisziplinaere-Intensivsta.3793.0.html	X			
Krankenhaus Erkelenz	http://www.krankenhaus-erkelenz.de/kliniken/anaesthesie/intensivmedizin/	X			
Krankenhaus Frederickenstift Hannover	http://anaesthesie-friederikenstift.de/cfscripts/main_imc-pflege.cfm?auswahl=01.15.20.10	X			
Krankenhaus Hagen	http://www.kkh-hagen.de/pflege/stationen/st-johannes-hospital/station-8.html	X			
Krankenhaus Johaneum	http://www.krankenhausjohanneum.de/uploads/files/ausbildung.pdf	X		X	X
Krankenhaus Oberndorf	http://www.krankenhaus-oberndorf.de/medizin-und-pflege/innere-medizin/				X
Kreisklinik Roth	http://www.kreisklinik-roth.de/medizin/abteilungen/geriatrische-rehabilitation/geriatrische-pflege/				X

Kreisklinik Roth	http://www.kreisklinik-roth.de/die-klinik/neuigkeiten/aktuelles-detailansicht/zeitraum/1262300400/2678399/arc hived/artikel/newsarchiv-1/die-zukunft-beginnt-jetzt/	X			
Kreiskliniken Dillingen Wertingen	http://www.khdw.de/kkh-dillingen/unser-leistungsspektrum/pflegedienst/ausbildung-pflegedienst-kreisklinik-st-elisabeth.html				X
Landesverein für innere Medizin in der Pfalz	http://www.lvim-pfalz.de/index.php?SiteID=436&NodeID=35&Mai nNode=0		X		
Lazarus Berufsfachschule	http://www.lazarus-diakonie.de/?cat=schulen&sub=bfsap&location=b erlin			X	
Leuphana Universität Lüneburg	http://www.leuphana.de/partner/regional/gesun dheit.html			X	
Leupoldina Krankenhaus Schweinfurt	http://www.leopoldina-krankenhaus.com/medizin-pflege.html				X
Marien Krankenhaus Bergisch Gladbach	http://www.mkh-bgl.de/de/pflege.php	X		X	
Marienhausklinik Kohlhof	http://www.marienhausklinik-st-josef-kohlhof.de/abteilungenund-fachbereiche/pflege/allgemeines-angebot/	X		X	X
MDK Niedersachsen	http://www.mdkn.de/mdk/news/aktuelles_Alten pflege-Schueler-Niedersachsen-Schulgeld.htm			X	
Medicom	http://www.medicom.cc/medicom-de/inhalte/intensiv-news/entries/IN210/entries_sec/Heimbeatmung-Eine-Herausforderung-fuer-die-		X		

	Intensivpflege.php&docid=UBFUodHp-WAtOM&imgurl=http://www.medicom.cc/medicom-de/img/Bilder-IN210/s29.jpg&w=332&h=270&ei=vWSkUquXPIHftAbLx4GYCg&zoom=1&iact=hc&vpx=930&vpy=237&dur=4864&hovh=202&hovw=249&tx=115&ty=104&page=9&tbnh=152&tbnw=203&ndsp=38&ved=1t:429,r:85,s:300,i:259				
Messe Pflege & Gesundheit	http://www.messe-venray.de/beurzen/view/189/pflege-gesundheit				
Missioklinik Würzburg	https://missioklinik.de/innere-medizin/startseite/			X	X
MobiDoc	http://www.mobidoc.de/mobidoc/idee-leitung			X	
N24	http://www.n24.de/n24/Wissen/Job-Karriere/d/847362/wie-werde-ich------gesundheits--und-krankenpfleger.html			X	
Nutriinfo	http://www.nutriinfo.de/24-stunden-pflege-wenn-die-gesundheit-nicht-mehr-mitspielt/	X			
Oberlausitz Kliniken	http://www.oberlausitz-kliniken.de/Medizinische-Klinik-im-Krankenhaus.104.0.html				X
Pflegediakonie	http://www.pflegediakonie.de/index.php?article_id=3			X	
Pflegedienst Rothenburg	http://www.pflegedienst-rothenburg.de/krankenpflege-nach-aerztlicher-verordnung.html			X	
Rhoen Klinikum Bad Berka	http://www.rhoen-klinikum-ag.com/rka/cms/zbb_2/deu/57424.html	X			
Rhoen Klinikum Pirna	https://www.rhoen-klinikum-ag.com/rka/cms/pir_2/deu/49452.html	X		X	X
RK Klinikum München	http://www.rotkreuzklinikum-	X			

Name	URL					
	muenchen.de/neugeborenen-intensiv.html					
Robert Bosch Krankenhaus	http://www.rbk.de/standorte/robert-bosch-krankenhaus/abteilungen/kardiologie/informationen-fuer-patienten-und-angehoerige/pflegestationen.html					X
Rostocker Pflegen	http://www.rostocker-pflegen.de/pflegen_erleichtern.html			X		
Senioren Ratgeber	http://www.senioren-ratgeber.de/Pflege/Partner-pflegen-Was-sich-fuer-Paare-aendert-226001.html			X		
Seniorenhaus Köhler	http://www.seniorenhaus-koehler.de/pflege.html			X		
Sorgen frei	http://www.sorgenfrei-betreut.de/24h-pflege/			X		
Sozialstation Mühlheim	http://sompflege.de/pflege/			X		
St. Elisabeth Heilbronn	http://www.st-elisabeth-heilbronn.de/leistungen/pflegeundwohnen/			X		
St. Franziskus Hospital Winterberg	http://www.gesundheitszentrum-winterberg.de/therapie/krankenpflegeschule/			X		
St. Johan Nepomuk Erfurt	http://www.kkh-erfurt.de/pflege/					X
Stadt Halle (Saale)	http://www.halle.de/de/Leben-Gesellschaft/Lebenssituationen/Pflege/			X		
Städtisches Krankenhaus Kiel	http://www.krankenhaus-kiel.de/kliniken/anaesthesie/pflege-der-anaesthesie/	X				
Stiftungsklinikum München	http://web.skm24.de/webseiten/schule/ausbildung.htm				X	X
Stuttgarter Zeitung	http://www.stuttgarter-zeitung.de/inhalt.ludwigsburg-die-patienten-sind-ueberall-gleich.4096e4c1-4814-4373-93ae-a2f3cee8b0a7.html					X

SunaCare	http://www.sunacare.de/pflege-aus-polen/			X	
SunaCare	http://www.altenpflege-haushaltshilfen.de/altenpflege/			X	
Uniklinik Aachen	http://www.ukaachen.de/kliniken-institute/klinik-fuer-thorax-herz-und-gefaesschirurgie/fuer-patienten.html	X			X
Uniklinik Aachen	http://www.ukaachen.de/karriere/infos-fuer-bewerberinnen/schule-fuer-gesundheits-kinderkranken-und-krankenpflege/informationen-zur-ausbildung.html			X	
Uniklinik Eppendorf	http://www.uke.de/kliniken/neurologie/index_25306.php	X			
Uniklinik Greifswald	http://www2.medizin.uni-greifswald.de/inn_b/index.php?id=450	X			X
Uniklinik Heidelberg	http://www.klinikum.uni-heidelberg.de/Pflegedienst-Startseite.479.0.html	X		X	X
Uniklinik Heidelberg	http://www.uni-heidelberg.de/presse/news04/2404akut.html	X			
Uniklinik München	http://www.klinikum.uni-muenchen.de/Kinderklinik-und-Kinderpoliklinik-im-Dr-von-Haunerschen-Kinderspital/de/stationen/KIPS/index.html	X			
Uniklinik Münster	http://klinikum.uni-muenster.de/index.php?id=pflege			X	
WAZ	http://www.derwesten.de/staedte/velbert/jobchancen-in-pflege-und-gesundheit-id6351316.html			X	
Wehrfritz	http://www.miteinander-leben.de/			X	
Widge	https://widge.de/news/beschlossener-pflege-zuschuss-sorgt-fuer-diskussionen.htm			X	

Wiesbadener Kurier	http://www.wiesbadener-kurier.de/lokales/wiesbaden/nachrichten-wiesbaden/krankenpflege-nur-mit-abitur_11610062.htm	X			
ZDF	http://www.zdf.de/Volle-Kanne/Unterst%C3%BCtzung-bei-ambulanter-Pflege-5338734.html			X	
Zwyg Art	http://christinezwygart.wordpress.com/2012/09/08/die-ersten-stunden-im-spz/	X			

Selektiere Flyer

Herausgeber	Flyer für...	A	B	C	D
Altenheim Am Olkenbergsweg Damme	Imagebroschüre		X	X	
Bibliomed Verlag	Buchreihe Pflege			X	
Bildungszentrum St. Hildegard	Fachweiterbildung für Anästhesie und Intensivpflege	X			
Bildungszentrum St. Hildegard	Außerklinische Beatmung	X			
Caritas Altenpflegeschule Osnabrück	Ausbildung Altenpflege			X	
DBFK e.V.	Pflege ist anders	X		X	
DBFK e.V.	Pflege ist kompetent	X		X	
DBFK Südwest e.V.	Familiengesundheitspflege - Family Health Nurse			X	
Fachhochschule Jena	Bachelorstudiengang Pflegewissenschaften			X	
Gesundheit Nord - Krankenpflegeschule Bremen-Mitte	Ausbildung zur Gesundheits- und Krankenpflege			X	X
Haus Bergquell	Informationsflyer		X	X	

Hochschule Osnabrück	Bachelor of Science Pflege (dual) (alte Version)			X	
Hospizpflegezentrum Dinklage	Pflegerisches Angebot		X		
Hospizzentrum Delmenhorst	Imagebroschüre		X	X	
IWK Delmenhorst	Weiterbildung zum Praxisanleiter				X
Krankenpflegeschule am Klinikum Osnabrück	Ausbildung zur Gesundheits- und Krankenpflege			X	
Krankenpflegeschule der Uniklinik Aachen	Ausbildung zur Gesundheits- und Krankenpflege	X		X	
Krankenpflegeschule Lohne	Ausbildung zur Gesundheits- und Krankenpflege			X	X
Krankenpflegeschule Quakenbrück	Ausbildung zur Gesundheits- und Krankenpflege			X	
Landescaritasverband für Oldenburg	Fort- und Weiterbildungsprogramm			X	X
Niels-Stensen-Kliniken Osnabrück	Messestand Pflege	X		X	
Schule für Gesundheits- und Krankenpflege am UKE Hamburg	Ausbildung zur Gesundheits- und Krankenpflege	X		X	X
Schule für Gesundheits- und Krankenpflege am UKE Hamburg	Fachweiterbildung für Anästhesie und Intensivpflege	X			X
Uniklinik Aachen	Fortbildung Atmungstherapeut	X			

Anhang II – Eingesetzter Fragebogen

Fragebogen

_____ **NEO-I**

Name: _____   Datum: _____

Geschlecht: männlich ◯   Alter: _____

weiblich ◯   Beruf: _____

Schulabschluss: _____

Hinweise: Dieser Fragebogen enthält 60 Aussagen, welche sich zur Beschreibung Ihrer eigenen Person eignen könnten. Lesen Sie bitte jede dieser Aussagen aufmerksam durch und überlegen Sie, ob diese Aussage auf Sie persönlich zutrifft oder nicht. Zur Bewertung jeder der 60 Aussagen steht Ihnen eine fünffach abgestufte Skala zur Verfügung. Kreuzen Sie bitte an:

Starke Ablehnung   *Ablehnung*   *Neutral*

Starke Ablehnung, wenn Sie der Aussage auf keinen Fall zustimmen oder sie für völlig unzutreffend halten. . . . .   ◯ ◯ ◯

Ablehnung, wenn Sie der Aussage eher nicht zustimmen oder sie für unzutreffend halten. . . . .   ◯ ◯ ◯

Neutral, wenn die Aussage weder richtig noch falsch, also weder zutreffend noch unzutreffend ist. . . . .   ◯ ◯ ◯

Zustimmung, wenn Sie der Aussage eher zustimmen oder sie für zutreffend halten. . . . .   ◯ ◯ ◯

Starke Zustimmung, wenn Sie der Aussage nachdrücklich zustimmen oder sie für völlig zutreffend halten. . . . .   ◯ ◯ ◯

Es gibt bei diesem Fragebogen keine „richtigen" oder „falschen" Antworten, und Sie müsse perte (keine Expertin) sein, um den Fragebogen angemessen beantworten zu können. Sie er Zweck der Befragung am besten, indem Sie die Fragen so wahrheitsgemäß wie möglich bea

Bitte lesen Sie jede Aussage genau durch und kreuzen Sie als Antwort die Kategorie an, die weise am besten ausdrückt. Falls Sie Ihre Meinung nach dem Ankreuzen einmal ändern so

Starke Ablehnung Ablehnung Neutral

1. Ich bin **nicht** leicht beunruhigt. . . . .

2. Ich habe gerne viele Leute um mich herum. . . . .

3. Ich mag meine Zeit **nicht** mit Tagträumereien verschwenden. . . . .

4. Ich versuche zu jedem, dem ich begegne, freundlich zu sein. . . . .

5. Ich halte meine Sachen ordentlich und sauber. . . . .

6. Ich fühle mich anderen oft unterlegen. . . . .

7. Ich bin leicht zum Lachen zu bringen. . . . .

8. Ich finde philosophische Diskussionen langweilig. . . . .

9. Ich bekomme häufiger Streit mit meiner Familie und meinen Kollegen. . . .

10. Ich kann mir meine Zeit recht gut einteilen, so dass ich meine
    Angelegenheiten rechtzeitig beende. . . . .

11. Wenn ich unter starkem Stress stehe, fühle ich mich manchmal,
    als ob ich zusammenbräche. . . . .

12. Ich halte mich **nicht** für besonders fröhlich. . . . .

13. Mich begeistern die Motive, die ich in der Kunst und in der Natur finde. . . .

14. Manche Leute halten mich für selbstsüchtig und selbstgefällig. . . . .

15. Ich bin **kein** sehr systematisch vorgehender Mensch. . . . .

16. Ich fühle mich selten einsam oder traurig. . . . .

17. Ich unterhalte mich wirklich gerne mit anderen Menschen. . . . .

18. Ich glaube, dass es Schüler oft nur verwirrt und irreführt, wenn man
    sie Rednern zuhören lässt, die kontroverse Standpunkte vertreten. . . . .

19. Ich würde lieber mit anderen zusammenarbeiten, als mit ihnen zu
    wetteifern. . . . .

20. Ich versuche, alle mir übertragenen Aufgaben sehr gewissenhaft zu
    erledigen. . . . .

21. Ich fühle mich oft angespannt und nervös.

Starke Ablehnung · Ablehnung · Neutral · Zustimmung

23. Poesie beeindruckt mich wenig oder gar nicht. . . . .

24. Im Hinblick auf die Absichten anderer bin ich eher zynisch und skeptisch. . . . .

25. Ich habe eine Reihe von klaren Zielen und arbeite systematisch auf sie zu. . . . .

26. Manchmal fühle ich mich völlig wertlos. . . . .

27. Ich ziehe es gewöhnlich vor, Dinge allein zu tun. . . . .

28. Ich probiere oft neue und fremde Speisen aus. . . . .

29. Ich glaube, dass man von den meisten Leuten ausgenutzt wird, wenn man es zulässt. . . . .

30. Ich vertrödele eine Menge Zeit, bevor ich mit einer Arbeit beginne. . . . . . .

31. Ich empfinde selten Furcht oder Angst. . . . .

32. Ich habe oft das Gefühl, vor Energie überzuschäumen. . . . .

33. Ich nehme nur selten Notiz von den Stimmungen oder Gefühlen, die verschiedene Umgebungen hervorrufen. . . . .

34. Die meisten Menschen, die ich kenne, mögen mich. . . . .

35. Ich arbeite hart, um meine Ziele zu erreichen. . . . .

36. Ich ärgere mich oft darüber, wie andere Leute mich behandeln. . . . .

37. Ich bin ein fröhlicher, gut gelaunter Mensch. . . . .

38. Ich glaube, dass wir bei ethischen Entscheidungen auf die Ansichten unserer religiösen Autoritäten achten sollten. . . . .

39. Manche Leute halten mich für kalt und berechnend. . . . .

40. Wenn ich eine Verpflichtung eingehe, so kann man sich auf mich bestimmt verlassen. . . . .

41. Zu häufig bin ich entmutigt und will aufgeben, wenn etwas schief geht. . . .

42. Ich bin **kein** gut gelaunter Optimist. . . . .

43. Wenn ich Literatur lese oder ein Kunstwerk betrachte, empfinde ich

Starke Ablehnung · Ablehnung · Neutral

44. In Bezug auf meine Einstellungen bin ich nüchtern und unnachgiebig. . .

45. Manchmal bin ich **nicht** so verlässlich oder zuverlässig, wie ich sein sollte. . .

46. Ich bin selten traurig oder deprimiert. . . . .

47. Ich führe ein hektisches Leben. . . . .

48. Ich habe wenig Interesse, über die Natur des Universums oder die Lage der Menschheit zu spekulieren. . . . .

49. Ich versuche, stets rücksichtsvoll und sensibel zu handeln. . . . .

50. Ich bin eine tüchtige Person, die ihre Arbeit immer erledigt. . . . .

51. Ich fühle mich oft hilflos und wünsche mir eine Person, die meine Probleme löst. . . . .

52. Ich bin ein sehr aktiver Mensch. . . . .

53. Ich bin sehr wissbegierig. . . . .

54. Wenn ich Menschen **nicht** mag, so zeige ich ihnen das auch offen. . . . .

55. Ich werde wohl niemals fähig sein, Ordnung in mein Leben zu bringen. . .

56. Manchmal war mir etwas so peinlich, dass ich mich am liebsten versteckt hätte. . . . .

57. Lieber würde ich meine eigenen Wege gehen, als eine Gruppe anzuführen. . . . .

58. Ich habe oft Spaß daran, mit Theorien oder abstrakten Ideen zu spielen. . . .

59. Um zu bekommen, was ich will, bin ich notfalls bereit, Menschen zu manipulieren. . . . .

60. Bei allem, was ich tue, strebe ich nach Perfektion. . . . .

	N	E	O	V
Summenwerte				
Zahl beantworteter Items				
Mittelwerte				

Zusatzfragebogen Pflegewissenschaftliches Projekt

Frage 1)

Schauen Sie sich bitte die unten aufgeführten Bilder genau an. Welches dieser Bilder halten Sie am zutreffendsten, um die Pflege darzustellen?
Vergeben Sie bitte die Plätze 1-4 in den vorgesehenen Kästchen!

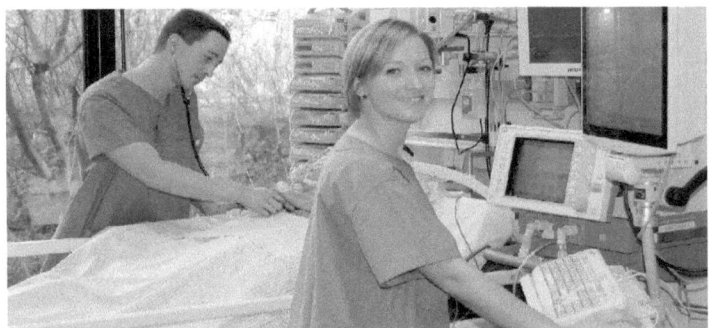

Bild A

Platz _____

Bild B

Platz _____

Bild C

Platz _____

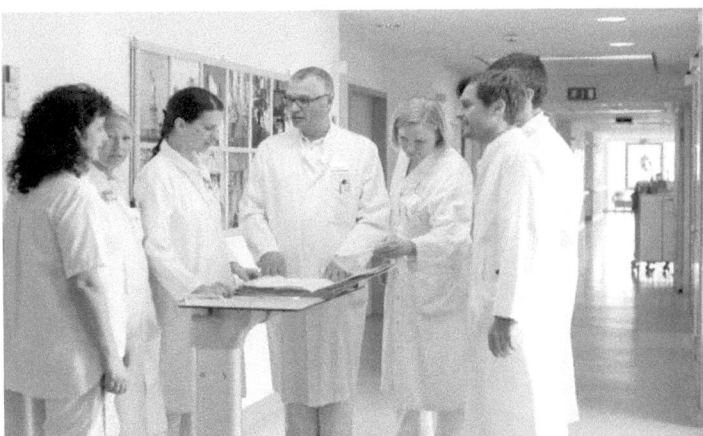

Bild D

Platz _____

Frage 2)

Begründen Sie bitte kurz Ihre getroffene Reihenfolge mit einigen erklärenden Sätzen!

Frage 3)

Bitte geben Sie das Herkunftsland Ihrer nahen Verwandten an!

	Herkunftsland
Vater	
Mutter	
Großvater (väterlicher Seite)	
Großmutter (väterlicher Seite)	
Großvater (mütterlicher Seite)	
Großmutter (mütterlicher Seite)	

Frage 4)

Sind Sie portlich aktiv? Bitte kreuzen Sie an!

Ja

Nein

Frage 5)

Falls Sie Frage 4) mit "Ja" beantwortet haben, geben Sie bitte an, welche Sportart Sie ausüben!

Ausgeübte Sportart(en):

Anhang III

Aussagen der Pflegekräfte zu den einzelnen Bildern

Kennung	Bild A	Bild B	Bild C	Bild D
EX1	Bild A zeigt zwei Pflegekräfte bei der Arbeit am Patienten, was ich mit Pflege assoziiere	Bild B zeigt einen sterbenden Patienten. In dieser Situation hat Pflege zu wenig Zeit	Pflege in Interaktion mit dem Patienten. Klassische Aufgabe der Pflege.	Bild D zeigt die Visite mit den Ärzten. Das ist ein großer Bestandteil der täglichen Arbeit.
EX2	Die eigentliche Pflege tritt immer mehr in den Hintergrund und Apparate werden immer wichtiger		Ursprung der Ausbildung.	
EX3	Optimale Pflege	Auf die Bedürfnisse des Einzelnen eingehen	Familiäre Behandlung	Zusammenarbeit mit Anderen
EX4	Fachliche Kompetenz direkt am Patienten		Persönliche Zuwendung hat für mich einen hohen Stellenwert	Medizinische-fachliche Kompetenz, Austausch von Informationen
EX5	Macht die Arbeit der Pflege am deutlichsten.	Totale Einsamkeit des Patienten	Wunschdenken wie Pflege sein sollte. Leider viel zu wenig Zeit	Zusammenarbeit mit der Medizin, die oft glaubt alles zusagen zu haben.
EX6	Zwei Pflegende am Bett des Patienten in authentischem Bild	Hat was vom alleine „Sterben". Hat nicht wirklich mit der Beschreibung von Pflege zu tun	Könnte auch Werbung für eine Versicherung sein, aber zeigt ein Bild von „Gemeinsamkeit"	Ärzte werden mit Krankenhaus verbunden jedoch selten die Pflege
EX7	So wie es sein sollte	Realität	So wie es sein sollte	Realität
EX8	Notwendige pflegerischen und ärztliche Aufgaben	Individuelle Pflege	Individuelle Pflege des Patienten	Notwendige pflegerische und ärztliche Aufgaben
EX9	Zuviel Technik	Zu wenig Zeit für	Eher mehr Stress als	

			den Patienten	so entspannt wie in diesem Bild	
EX10	Unterstützende Pflege	Ruhe, Entspannung, auf Wertigkeit des Einzelnen geachtet		Menschlichkeit, Wärme, Zuneigung, Gemeinschaft, Wohlbefinden, warmes Gefühl. Deswegen habe ich damals die Berufswahl getroffen.	Anordnung, medizinisches Gleichgewicht mit Pflege ist nicht vorhanden
EX11					Es findet immer mehr Dokumentation statt als Pflege. Pflege ist nicht immer nur schön.
EX12	Im Vordergrund der Pflege steht meistens nur noch die Arbeit und sehr selten der Patient, weil Pflege zu wenig Zeit hat im hektischen Krankenhaus	So sollte es mal sein. Ruhe.		Patient kommt zu kurz.	Tägliche Dokumentation.
EX13	Man ist den ganzen Tag nur noch mit dem Patienten beschäftigt.			Mit dem Patienten sprechen, sich nett unterhalten steht eher und leider an letzter Stelle mittlerweile.	Dauernde Dokumentation ist ja wichtig, aber nützt nur der Medizin.
EX14	Viel Arbeit aber trotzdem Spaß dabei.			Total unrealistisch – soviel Zeit hat die Pflege nicht mehr. Märchen	Es muss heutzutage über alles ausführlich gesprochen werden.
EX15	Pflege direkt am Patienten	Erinnert an Hospiz		Sieht zu gestellt aus	Wichtigkeit der Zusammenarbeit mit anderen Berufsgruppen.
EX16	Zeit für Anleitung und Ruhe für die Pflege ist nicht	Keine Zeit sich um den Patienten zu kümmern		Zeit für Pflege, familiärer Zusammenhalt und	Häufig heißt es „die Ärzte streiten wieder

	vorhanden		Zufriedenheit des Pat und des PP nimmt immer mehr ab.	aufgrund….", die Pflege rückt dabei in den Hintergrund
EX17	Kommunikation und ausreichend Betreuung		Familie und Wohlbefinden steht bei mir ganz oben	Kommunikation
EX18	Gute Pflege durch ausreichend Fachpersonal	Schlechte Versorgung	Der Patient wird liebevoll behandelt, unter Einschluss der Familie	Teamarbeit durch alle an der Pflege beteiligten
EX19	Fröhlichkeit in den Bildern		Zusammenhalt	Teamarbeit
EX20	Dort stehen eher „andere" Sachen im Vordergrund	Zeit und Ruhe zu haben. Patienten angemessene Pflege zu geben	Fürsorge und Zeit, Verständnis für Bedürfnisse des Menschen und der Familie	Besprechung bei der Visite. Pat. Wir nicht mit einbezogen
EX21	Zeigte eine arbeitende Kollegin	Der sterbende Schwan im Sonnenuntergang	Friede, Freude, Eierkuchen	Visite, Teamarbeit
EX22	Gibt am besten die Komplexität der Arbeit wieder, die momentan in der Pflege herrscht	Die Arbeit abseits des Patienten nimmt immer mehr zu	Lächelnde menschen werden leider immer seltener in Pflege und Patienten da sein.	Pflege hat nichts mehr mit Romantik zu tun -> nicht mehr
EX23			Zeigt was Pflege bedeutet. Für den Patienten da sein	
EX24	Fachliches Verständnis	Patient ist alleine	Pflege ist ein Miteinander	Fachliches Verständnis
EX25			Sich einfühlen und freundlich sein ist wichtig. Spaß am Leben haben trotz Krankheit	
EX26			Alle sind fröhlich und glücklich. Es herrscht Harmonie	
EX27	Zu wenig Zeit für den Patienten	Unrealistisch	Unrealistisch	Viele Berufsgruppen arbeiten eng zusammen, was Außenstehende oft

				nicht wissen.
EX28	Ich finde zu einer guten Pflege gehört Teamarbeit und eine geordnete Pflege dazu.	Pat. Leiden unter Zeitmangel, präfinale Patienten können nicht so gefördert werden oder betreut werden wie es meiner Meinung nach verdienen	Der enge Kontakt zu Patienten ist durch Personalmangel und Zeitmangel nicht machbar.	Bei Visiten finde ich es notwendig, dass die Personen die anwesend sein sollten bei der Visite teilnehmen.
EX29			So viel Zeit hat man für den Patienten nicht	Man sieht oft die Pflege vor den Patientenzimmern stehen
EX30	Draußen sieht es schön aus und die Pflegeperson kümmert sich um den Patienten		Man muss immer Patienten zeigen, dass man für sie da ist	Es muss immer klar abgesprochen sein.
EX31	Pflege darf sich nicht nur auf die medizintechnische Unterstützung verlassen, sondern selber agieren.	Abendsonne, Ruge und Frieden.	Familie im Blick und zusammen mit dem Patienten. So sollte Pflege sein. Freundlichkeit.	Unterordnung unter die Medizin.
EX32	Zuviel Bürokratie		Wenig Zeit für Pat.	Viel Dokumentation wenig Zeit für Pat.
EX33	Immer mehr Technik macht mir Angst	Pat. Ist alleine	So sollte Pflege für mich sein. Pat. Steht im Mittelpunkt mit seiner Familie	Pflege ist keine Medizin
EX34	Professionell, aber Spaß dabei	Zu viel Herzschmerz	Das Bild bestäubt das „Händchen halten"-Klischee	Professionelles Arbeiten
EX35	Spaß an der Arbeit, kompetentes und selbstständiges Arbeiten	Maschinelle Überwachung, Vereinsamung des Patienten	Herzlichkeit, Empathie, Umgang mit Menschen	Austausch mit Kollegen und anderen Berufsgruppen
EX36	Es wird immer mehr Technik eingesetzt und	Verbinde ich nicht mit dem Pflegeberuf	Das in den Mittelpunkt stellen von Patient und	Ärztliche Delegation ist Teil des Berufes und

	muss bedient werden.		Angehörigen sollte genutzt werden	auch ein wichtiger Inhalt
EX37	Aktive Teamarbeit mit als Resultat die Besserung	Ruhe	Pflege hilft dem Patienten und auch Familie	Distanziertes über den Patienten reden, ohne dessen Anwesenheit
EX38	Keine Begründungen und Anmerkungen			
EX39		Nur der Patient dargestellt und keine grinsenden, fröhlichen Pfleger	Heile Welt – unrealistisch	
EX40	Identisch	?	So wie es sein sollte, wenn mehr Personal da sein sollte	?
EX41	Keine Begründungen und Anmerkungen			
EX42	Steril, aber die Menschen haben Spaß an der Arbeit	Strahlt Ruhe, Zufriedenheit und Wärme aus	Die Menschen wirken glücklich, Familie steht im Mittelpunkt	Unpersönlich, steif, steril
EX43			Familie und Angehörige sind die wichtigste Stütze im Leben	
EX44	Keine Begründungen und Anmerkungen			
EX45	Gute Pflege	Patient steht im Mittelpunkt		
EX46	Kompetentes Pflegepersonal	Bestmögliche Versorgung	Zeigt die Pflege wie sie sein sollte mit allen Angehörigen	Ärzte!
EX47	Zunahme an Fällen	Absolutes Grauen	So wie es sein sollte	So wie es ist
EX48	Immer mehr Technik		Veraltetes Bild der Pflege	Unterordnung unter die Medizin
EX49	So sollte Pflege sich darstellen, weil sowohl Technik als auch Patient im	Pat. Ist alleine	Freundlichkeit und Höflichkeit und Zuneigung sind wichtig	Immer mehr Dokumentation. Teamwork

	Mittelpunkt stehen und genügend Personal vorhanden ist.			
EX50	Professionelles Arbeiten im Team		Unrealistisches Bild	Interdisziplinäres Team
EX51			Pat und Familie stehen hier im Mittelpunkt. Pflege ist freundlich und sensibel	
EX52	Zunahme an Technik ist gut für den Patienten.		Pflege ist mehr als nur Freundlichkeit und Händchen halten	Immer mehr Dokumentation und immer mehr Besprechungen mit Ärzten
EX53		So sollte Pflege sein. Ruhe und Harmonie		
EX54				Die Pflege ist den Ärzten unterstellt. Das ist aber auch nicht schlimm.
EX55	Pflege kümmert sich um den Patienten. Dieser steht im Mittelpunkt der Bemühungen		Nette Pflegekraft kümmert sich liebevoll um den Patienten.	Pflege sollte sich stärker von der Medizin abgrenzen und sich nicht unterordnen
EX56	Durch die Zunahme an technischen Mitteln wird die Pflege immer leichter.		Patient steht im Zentrum der Arbeit	Dokumentation ist extrem wichtig. Zusammenarbeit im Team ist gut.
EX57				Zuviel Dokumentation, die aber auch notwendig ist, um nicht Pleite zu gehen.
EX58	Professionelles Arbeiten im Team	Kein Kommentar!!	Immer nur lachen geht ja auch nicht.	Visiten haben nichts mit der

	ist gut für die Pflege.			Pflege zu tun.
EX59	Immer mehr Technik bestimmt die Pflege.		So sollte Pflege sein. Zeit für den Patienten hat leider kaum noch.	Es gibt zu viele Ärzte und zu wenig Pflegepersonal
EX60	Keine Begründungen und Anmerkungen			
EX61	Keine Begründungen und Anmerkungen			
EX62	Ideale Pflege, so wie sie sein sollte. Der Patient steht im Mittelpunkt.		So war Pflege früher. Heute ist alles anders als früher.	Immer Visiten halten die Pflegekräfte von der Arbeit ab.
EX63	Technik macht das Leben einfacher. Der Patient profitiert davon am meisten.	Der Patient ist zwar alleine, hat aber auch seine Ruhe.	Ich mag es nicht, dass man in der Pflege dauernd Menschen anfassen muss.	Dokumentation wird immer wichtiger. Dafür gibt es neue Programme.
EX64	Das zeigt intensive Arbeit mit zwei Pflegerinnen.			
EX65		Der Patient hat Ruhe und Zeit zum Sterben.	Das Bild gibt es oft. Ich finde es aber doof.	
EX66	Die Teamarbeit ist wichtig und richtig.		Freundlichkeit und Wärme spiegelt sich hier wieder.	Interdisziplinäre Zusammenarbeit tut gut.
EX67	Intensivstation Krankenhaus.	Im Mittelpunkt der Patient	Zu wenig Aussagekraft	Das ist Medizin und nicht Pflege
EX68	Immer mehr Dokumentation beherrscht die tägliche Arbeit			Immer mehr Dokumentation beherrscht die tägliche Arbeit
EX69			Patient und Familie gehören zusammen. Ganzheitliche Pflege, die freundlich ist.	
EX70		Das ist die Realität.	Unrealistisch	
EX71	Immer mehr Dokumentation im Krankenhaus		Ideale Pflege, die den Patienten im Zentrum hat. Leider	Die Ärzte haben alles zu sagen und ich nichts.

	macht die Arbeit mühsam.		oft zu wenig Zeit und Ruhe.	
EX72			Zuneigung spielt eine wichtige Rolle in der Pflege.	
EX73	Technik ist auch keine Lösung.	Die Pflege steht hier im Mittelpunkt. So wie es sein soll.	Beziehung zu dem Patienten muss die Krankenschwester aufbauen.	Visiten sind ganz wichtig, um zu wissen, was der Patient hat.
EX74			Elementar ist die Beziehungsgestaltung	
EX75	Hier wird die Bedeutung der Pflege am besten dargestellt. Pflege ist mehr als nur lächeln und lieb sein. Technik macht Pflege anspruchsvoll und schwierig.	Kein Bild der Pflege. Eher Sterben.	Das war früher vielleicht mal so. Heute hat man dafür keine Zeit mehr.	Dokumentation ist zwar wichtig, wird aber immer mehr und es fehlt Zeit und Personal.
EX76	Die Teamarbeit ist wichtig und richtig.		Freundlichkeit und Wärme spiegelt sich hier wieder.	Interdisziplinäre Zusammenarbeit tut gut.
EX77	Keine Begründungen und Anmerkungen			
EX78	Keine Begründungen und Anmerkungen			
EX79	Keine Begründungen und Anmerkungen			
EX80	Pflege kümmert sich um den Patienten. Dieser steht im Mittelpunkt der Bemühungen	Strahlt Ruhe, Zufriedenheit und Wärme aus	Pat und Familie stehen hier im Mittelpunkt. Pflege ist freundlich und sensibel	Es gibt zu viele Ärzte und zu wenig Pflegepersonal
EX81		Nur bei diesem Bild steht der Patient für mich im Zentrum. Die anderen Bilder sind		

		gestellt.		
EX82	So schön kann Pflege sein…		Lieb, nett und freundlich. Sexobjekt.	Das ist die Realität der Pflege im Moment.
EX83		Der Patient sollte immer der Mittelpunkt der Arbeit sein, so wie hier. Ruhe ist auch mal gut für die Besserung der Krankheiten.		
EX84	Immer mehr Technik im Krankenhaus. Gerade im OP und auf Intensiv!		Der Patient und seine Familie ist noch immer das Wichtigste für die Pflege.	
EX85			Zuneigung zeigen, Empathie empfinden.	
EX86	So ist Pflege im Moment. Gutes Bild, weil Pflege auch immer freundlich ist und kompetent.		Das war früher mal so, als man noch Zeit hatte.	
EX87	Gegenwart	Zukunft	Vergangenheit	Teamarbeit
EX88	Deutlich mehr Technik als früher. Patient ist nicht mehr so wichtig nur Maschinen zählen leider.	Wenn keine Maschine da ist.	Das war ganz zu Anfang meiner Ausbildung noch schön. Geht heute nicht mehr.	
EX89			Man muss immer die Familie in die Pflege einbinden. Ganz wichtig!	
EX90	Authentisches Bild der Pflege	Patient ist ruhig und zufrieden.	Backe, backe Kuchen.	Kein Kommentar
EX91		Patient verliert immer mehr an Bedeutung		
EX92				Pflege hat nicht zu sagen und wird von den Ärzten

				bestimmt.
EX93	Keine Begründungen und Anmerkungen			
EX94		Die Landschaft ist schön. Die anderen Bilder sind gestellt.		
EX95	So kompetent wird die Pflege in Zukunft sein. Technik macht alles einfacher.		Das will ich nicht machen! Familie ist nicht so wichtig für die Pflege auch wenn das immer gesagt wird.	
EX96	Keine Begründungen und Anmerkungen			
EX97	Keine Begründungen und Anmerkungen			
EX98	Keine Begründungen und Anmerkungen			
EX99	Keine Begründungen und Anmerkungen			
EX100	Keine Begründungen und Anmerkungen			
EX101	Keine Begründungen und Anmerkungen			
EX102	Keine Begründungen und Anmerkungen			
EX103	Keine Begründungen und Anmerkungen			
AZ1	Diese Menschen helfen dem Patienten richtig	Das Bild ist traurig	Ich habe einen schlechten Eindruck von Altenheimen usw. gewonnen	Visite bringt in meinen Augen nicht viel, da die Menschen nur kurz angeschaut werden
AZ2	Hier steht nicht	Etwas zu	Passt gut aufgrund	Passt überhaupt

	die direkte Pflege im Vordergrund	klischeehaft, trifft aber dennoch häufig zu	der Freundlichkeit und Zuwendung	nicht, da Ärzte meistens nicht mit der direkten Pflege zu tun haben.
AZ3	Technik und moderne Medizin unterstützt die Pflege. Hygiene hat hohen Maßstab erreicht.	Pflegebedürftiger Patient sollte an aktiver Umgebung teilnehmen -> so ähnlich wie basale Stimulation	Pflege basiert auf Mitarbeit der Familie	Pflegepersonal / Ärzteteam verbringen zuviel Zeit mit Akten
AZ4	Fachkundige Untersuchung		Ich bin der Meinung, dass die Pflege ein Beruf ist, in dem man viel mit Patienten und Angehörigen in Kontakt ist. Deshalb Platz 1	
AZ5	Versorgung von hilfebedürftigen Menschen die alleine nicht zurecht kommen	Es findet keine Pflege statt.	Versorgung und Beihilfe von pflegebedürftigen Menschen, die im Maße auf Hilfe von Anderen angewiesen sind.	Pflege von Medizinern im Krankenhaus. Eher Medizin als Pflege.
AZ6	Freundliches Personal kümmert sich fachgerecht	Patient ist alleine. Keiner kümmert sich. Tristloses Zimmer.	Pflege mit Familie zusammen. Patient ist nicht alleine.	Ärzte besprechen sich zusammen um eine gute Lösung zu finden.
AZ7	Personal hat „OP-Kleidung" an. Viele Geräte stehen drum herum	Der Patient liegt auf der Station in seinem Zimmer.	Das Bild ist schön. Familie und Pflegepersonal sind da. Lächeln.	Planung und Besprechung der Diagnose.
AZ8			Die menschliche Nähe ist für die pflegebedürftige Person sehr wichtig.	Ein Team sollte sich gewissenhaft um seine Patienten kümmern.
AZ9			Mit Pflege verbinde ich menschliche Wärme. Ein organisiertes Team, welches sich um den Patienten kümmert. So gut wie möglich	

			pflegt und auf Wünsche eingeht.	
AZ10	Pflege & Dokumentation als Hauptaufgabe	Begleitung sterbender Menschen	An letzter Stelle wegen chronischer Personalknappheit -> eher unrealistisch	Teamarbeit als Hauptaufgabe
AZ11	Es gehört auch die Untersuchung dazu.	Der Mann liegt alleine im Bett und vegetiert vor sich hin	Menschen unterstützen, Ihnen vermitteln, dass sie ihren Weg evtl. krankheitsbedingt nicht alleine gehen müssen	Ärzte haben meist nur wenig Zeit, um sich um ihre Patienten zu kümmern.
AZ12	Zeigt die Pflege in einem weiteren Sinne	Zeigt die Pflege in einem weiteren Sinne	Zeigt deutlich Personen, die sich um eine andere kümmert.	Zeigt für mich typische Ärzte und keine Pflegekräfte.
AZ13	Da ich oft genug im Krankenhaus lag, hatte ich genügend Gelegenheit die Pflege zu beobachten			
AZ14	Foto zeigt Spaß an der Arbeit, medizinische Aktivität, Nähe zum Patienten	Patient wird in diesem Bild nicht betreut	Nähe zum Patienten	Nur eine Besprechung
AZ15			Es ist wichtig den Menschen trotz Krankheit Freude zu bereiten und deren letzte Wünsche zu erfüllen	
AZ16	Mir ist die Pflegekraft ins Auge gefallen	Gott als derjenige der immer da ist.	Unterstützung durch die Pflege	Die Ärzte, die für die pflegerische Leitlinie zuständig sind und uns sagen, wie es geht
AZ17	Technik lenkt uns von der eigentlichen Pflege ab und hält	Man ist 24 Stunden für den Patienten da	Zusammenarbeit mit Angehörigen ist wichtig.	Teambesprechung auch wichtig; manchmal sollte der Schreibkram

	uns ab			im Hintergrund bleiben und der Mensch im Vordergrund
AZ18	Die beiden Pflegenden sehen aus, als würden sie ihren Job gewissenhaft machen	Religion wird in die Pflege einbezogen	Die Leute auf dem Bild sehen fröhlich aus. Die Krankenschwester scheint mit ihrem Job zufrieden zu sein. Die Familie scheint sich wohl zu fühlen	
AZ19	Für mich das typische Bild der Pflege. Medizinisch, pflegerisch	Der Mensch wirkt auf mich sehr unlebendig. Versucht durch den Sonnenuntergang zu verschönern. Unpassend finde ich diese Konstellation	Eine glückliche Familie, unterstützt durch eine Pflegekraft, wirkt jedoch zu perfekt und unnatürlich auf mich	Ärzte im Vordergrund, keiner der Personen wirkt sonderlich freundlich, wie eine Zweckbeziehung ohne persönliches Interesse am Anderen.
AZ20	Pflege bei der Arbeit	Ende, Sterben	Sich kümmern	Ärzte & Pflege
AZ21	Pflege ist sichtbar	Dunkle Atmosphäre	Pflegekraft wirkt wie ein Teil der Familie	Ärzte sind zu sehen, keine Pflege
AZ22			Patienten und Angehörige sind wichtig. Mehr nicht!	
AZ23	Wissen	Vereinsamung	So sollte es sein	Über medizinische Versorgung austauschen ist wichtig
AZ24		Momentaufnahme aus dem Krankenhaus		
AZ25	Schöne neue Welt			Realität der Arbeit
AZ26	Intensivstation	Palliativ	Normale Station	Chirurgie
AZ27	Am praxisnähsten. Versucht kein idealistisch, romantisches Bild der Pflege zu	Mystische, religiöse Stimmung	Beruf nah am Menschen und den Angehörigen	Multiprofessionelle Arbeit

	zeigen. Für mich Platz 1			
AZ28	Viel gesprochen über den Patienten und die Situation		Familie stört bei Pflege	Zusammenarbeit mit Arzt auch meist ein Thema
AZ29	Keine Begründungen und Anmerkungen			
AZ30	Pflege stellt sich in seinem ganzen Umfang dar	So wird Pflege vernachlässigend dargestellt	Vermittelt einen positiven Eindruck von Liebe und Zuneigung.	Immer die Medizin im Interesse der Pflege
AZ31	Man hat oft zu wenig Zeit für den Patienten			
AZ32	Pflege führt ihre Arbeiten aus und sieht gut gelaunt aus.	Keine Pflege, keine Fürsorge in Sicht	Angehörige zu sehen, Pflege freundlich, Patientennähe	Zwar Teambesprechung, jedoch unterhalb der Ärzte, keine Pflege, kein Patient
AZ33	Im Mittelpunkt steht der Patient nicht nur in glücklichen Momenten		Quatsch	
AZ34		Der Aufenthalt wird so schön wie möglich gemacht.		
AZ35	Wichtig ist es für den Patienten da zu sein. Nicht nur medizinisch sondern auch ein offenes Ohr.			
AZ36			Ich finde um Menschen zu pflegen sollte man einen guten Draht zu ihnen haben, denn wenn man glücklich ist, heilt es sich am besten	
AZ37			Die Pflege muss sich	

			um das Umfeld kümmern. Seelsorge ist auch noch ganz wichtig. Man wird indirekt in das Leben miteinbezogen	
AZ38	Pflege auch in schwierigen Situationen	Patient ist einfach alleine	Pflege geht auf Patient und Angehörige ein	Zusammenarbeit im Team
AZ39	Patient steht im Mittelpunkt	Patient ist glücklich	Sieht gestellt aus	Ärzte und keine Pflege
AZ40	Entspricht meiner Vorstellung von Pflege mit Technik und so			
AZ41	Pflege betreut den Patienten. Der Computer dient zur Dokumentation, um alles festzuhalten	Patient starrt aus dem Fenster. Er braucht Beschäftigung.	Pflege und Patient lachen. Das ist ein gutes Zeichen	Ärzte und Pflege stehen im Flur um die pflegerische Versorgung zu optimieren
AZ42	Krankenhausalltag	Zu düster	Zu glücklich	Krankenhausalltag
AZ43	Keine Begründungen und Anmerkungen			
AZ44	Keine Begründungen und Anmerkungen			
AZ45			Das Zusammenspiel zwischen Fachkräften und Angehörigen ist wichtig	Kein Patient zu sehen
AZ46	Für mich ist Pflege medizinische Versorgung			
AZ47			Pflege erfüllt mich	
AZ48		Es gibt immer weniger Zeit sich um den Patienten zu kümmern		Ärzte und Pflege arbeiten gut zusammen
AZ49	Die Pflegekräfte verbringen die meiste Zeit mit	Oft wenig Zeit	Sich um den Patienten kümmern	Eher Ärzte

	dem Versorgen des Patienten			
AZ50	Freude am Beruf	Patient ist alleine	Familie ist wichtig	Beraten im Team
AZ51	Eine gute medizinische Versorgung mit Freude am Beruf			
AZ52	Besonders bei Operationen ist die Pflege wichtig	Auch ältere Menschen zu pflegen ist wichtig	Ganze Familie muss betreut werden	Das Bild ist nicht aussagefähig
AZ53		Angemessene Pflege ist nicht mehr zu bewältigen		
AZ54	Keine Begründungen und Anmerkungen			
AZ55	Keine Begründungen und Anmerkungen			
AZ56	Deutliche Zunahme an Geräten auf jeder Station	Vielleicht könnte man ein paar Videospiele für Patienten organisieren	Die Frauen müssen auch Bescheid wissen	Die Ärzte sagen, wo es lang geht
AZ57			Zeigt die pflegerische Arbeit	
AZ58			So sollte Pflege heute sein. Lieb, nett, freundlich.	
AZ59	Im Mittelpunkt steht der Patient mit seiner Familie.			
AZ60			Ganz wichtig sind die Angehörigen, um sie in die Pflege mit einbeziehen zu können.	
AZ61	Zuviel Technik ist nicht gut. Menschen müssen auch sterben dürfen		Zeigt am deutlichsten den Krankenhausalltag auf	

AZ62	Der Patient kommt zu kurz, weil Computer wichtig sind			
AZ63	Keine Begründungen und Anmerkungen			
AZ64	Keine Begründungen und Anmerkungen			
AZ65	Keine Begründungen und Anmerkungen			
AZ66	Keine Begründungen und Anmerkungen			
AZ67	Dieses Foto zeigt die Pflege in allen Bereichen für mich	Patient genießt den Sonnenuntergang	Zuhören kann auch mal gut sein	
AZ68			Gute Pflege bedeutet, dass man zu einem Patienten eine menschliche Nähe aufbaut.	
AZ69	Dies ist das realistische Bild der Pflege. Die anderen nicht			
AZ70		Viel Zeit und Ruhe für den Patienten		
AZ71	Technik		Patient im Zentrum	Bild der Ärzte, die Pflege blockeiren
AZ72	Die Versorgung des Patienten wird gut dargestellt. Immer im Team			Teamwork
AZ73	Die Krankenschwester kümmert sich liebevoll um den Patienten			
AZ74			Angehörige müsste	

			man mehr mit einbinden, um Entlastung zu bekommen.		
AZ75	Schöne Technik, kann helfen		Angehörige und Patienten sind glücklich. Also gute Pflege mit Freundlichkeit und Zuneigung		
AZ76			Patient ist der Mittelpunkt pflegerischer Arbeit		
AZ77	Keine Begründungen und Anmerkungen				
AZ78	Keine Begründungen und Anmerkungen				
AZ79	Die beiden Pflegenden sehen aus, als würden sie ihren Job gewissenhaft machen	Sterben und Tod gehören zum Alltag	Zuneigung zeigen, Empathie empfinden.	Ärzte bestimmen das Krankenhaus	
AZ80	Ich will später auch einmal auf einer Intensivstation arbeiten, um den Menschen dort zu helfen. Ich interessiere mich für Computer und Dokumentation.	Dazu kann ich nicht wirklich viel sagen, weil ich sowas noch nicht gesehen habe.	Schönes Bild für die Pflege.	Visiten machen mir viel Spaß und Freude. Ist wichtig für die Pflege, weil man dann immer weiß, was die Ärzte machen und was wir zu tun haben.	
AZ81	Keine Begründungen und Anmerkungen				
AZ82	Keine Begründungen und Anmerkungen				
AZ83	Keine Begründungen und Anmerkungen				
AZ84					

		Keine Begründungen und Anmerkungen		
AZ85		Keine Begründungen und Anmerkungen		
AZ86		Keine Begründungen und Anmerkungen		
AZ87		Hier geht man auf die Wünsche des Patienten ein und bezieht ihn mit in die Pflege ein. Schöne Landschaft sorgt für gutes Klima		
AZ88	Pflegerische und medizinische Aufgaben werden wahrgenommen. Das macht Pflege interessant.		Freundlichkeit und Zuneigung lässt die Pflege schwach erscheinen	Gutes Teamwork mit den Ärzten.
AZ89	Das muss man lernen in einer Fachweiterbildung		Familie steht im Mittelpunkt der Pflege. Pflegen kann jeder	
AZ90			Zeigt die Überlastung der Pflege durch die emotionale Nähe zum Patienten	
AZ91	Zuviele neue Technik auf den Stationen überfordern die Pflege		So sollte Pflege sein. Patienten mit seinen Angehörigen zusammen pflegen, um eine gute Beziehung zu gestalten.	Ärzte und Pflege arbeiten im Team zusammen
AZ92	Pflege & Medizin zusammen		Zuviel Eititei	Pflege & Medizin zusammen
AZ93		Keine Begründungen und Anmerkungen		
AZ94		Keine Begründungen und Anmerkungen		

AZ95	Die medizinische Versorgung ist die wichtigste Aufgabe der Pflegekräfte von heute.	Verlegung des Patienten oder was soll das sein.	Für das Händchenhalten kann man auch Hilfskräfte beschäftigen. Die kosten weniger.	Teamarbeit ganz nah an der Medizin ist wichtig, um professionell arbeiten zu können
AZ96	Medizin	Tod	Familie	Ärzte
AZ97	Keine Begründungen und Anmerkungen			
AZ98	Spiegelt die Realität wieder	Patienten sind oft alleine ohne Besuch	Zu wenig Zeit für die Patienten	Enge Zusammenarbeit
AZ99	Zwei Pflegekräfte kümmern sich liebevoll um den Patienten		Freundlichkeit und Emotionen werden dargestellt	Hat nichts mit Pflege zu tun
AZ100	Keine Begründungen und Anmerkungen			

Herstellung und Verlag:
BoD - Books on Demand, Norderstedt
ISBN 978-3-7357-7536-8